T0198490

essentials

essentials liefern aktuelles Wissen in konzentrierter Form. Die Essenz dessen, worauf es als „State-of-the-Art" in der gegenwärtigen Fachdiskussion oder in der Praxis ankommt. *essentials* informieren schnell, unkompliziert und verständlich

- als Einführung in ein aktuelles Thema aus Ihrem Fachgebiet
- als Einstieg in ein für Sie noch unbekanntes Themenfeld
- als Einblick, um zum Thema mitreden zu können

Die Bücher in elektronischer und gedruckter Form bringen das Expertenwissen von Springer-Fachautoren kompakt zur Darstellung. Sie sind besonders für die Nutzung als eBook auf Tablet-PCs, eBook-Readern und Smartphones geeignet. *essentials:* Wissensbausteine aus den Wirtschafts-, Sozial- und Geisteswissenschaften, aus Technik und Naturwissenschaften sowie aus Medizin, Psychologie und Gesundheitsberufen. Von renommierten Autoren aller Springer-Verlagsmarken.

Weitere Bände in der Reihe http://www.springer.com/series/13088

Enikö Bucs · Hatto Brenner

Rumänien im Geschäftsalltag

Grundwissen auf den Punkt gebracht

Enikö Bucs
Salzburg, Österreich

Hatto Brenner
Erlangen, Deutschland

ISSN 2197-6708 ISSN 2197-6716 (electronic)
essentials
ISBN 978-3-658-24502-3 ISBN 978-3-658-24503-0 (eBook)
https://doi.org/10.1007/978-3-658-24503-0

Die Deutsche Nationalbibliothek verzeichnet diese Publikation in der Deutschen Nationalbibliografie; detaillierte bibliografische Daten sind im Internet über http://dnb.d-nb.de abrufbar.

Springer Gabler

Springer Gabler ist ein Imprint der eingetragenen Gesellschaft Springer Fachmedien Wiesbaden GmbH und ist ein Teil von Springer Nature
Die Anschrift der Gesellschaft ist: Abraham-Lincoln-Str. 46, 65189 Wiesbaden, Germany

Was Sie in diesem *essential* finden können

- Do's and Don'ts im Businessalltag
- Rumänische Mentalität versus westliche Mentalität
- Übersicht: die rumänische Wirtschaft aktuell

Vorwort

Eigene geschäftliche Aktivitäten in verschiedenen europäischen Ländern zeigten mir, dass der Erfolg eines unternehmerischen Engagements bestimmt wird sowohl von den eigenen Erfahrungen und Ressourcen, von einer klaren und realisierbaren Zielsetzung, von einem systematischen und planvollen Vorgehen, aber auch ganz deutlich von den wirtschaftlichen und kulturellen Rahmenbedingungen des Ziellandes.

Warum führte die von mir eingeschlagene Vorgehensweise insbesondere in Rumänien immer wieder zu Überraschungen und erforderte Anpassungsprozesse, die in anderen europäischen Ländern in diesem Umfange nicht bekannt und erforderlich waren?

Mit der Gründung einer eigenen Produktionsfirma in Bukarest gemeinsam mit einem rumänischen Partner vertieften sich meine Erkenntnisse und Erfahrungen, die inzwischen auch andere ausländische Investoren in diesem Land im Grenzraum zwischen Mittel- und Südosteuropa gesammelt hatten.

Warum nicht in einem „*essential* Rumänien" hierüber berichten, dies war mein Gedanke, insbesondere nachdem Enikö Bucs als in Rumänien geborene Ungarin bereit war, ihre praxiserfahrenen Gedanken und Erfahrungen mit in dieses Werk einzubringen.

Dipl.-Wirtsch.-Ing. Hatto Brenner

Inhaltsverzeichnis

1	Einleitung...	1
2	Geschichte nach 1848...................................	3
3	Zahlen/Daten/Fakten heute.............................	5
	3.1 Geografie, Bevölkerung............................	5
	3.2 Regionen, Städte...................................	6
	3.3 Verwaltungsgliederung............................	7
4	Bevölkerung..	9
	4.1 Minderheiten......................................	9
	4.2 Sprachen..	10
	4.3 Religionen..	10
5	Infrastruktur..	11
	5.1 Luftfahrt...	11
	5.2 Straßenverkehr....................................	11
	5.3 Bahn..	12
	5.4 Wasserverkehr....................................	13
	5.5 Kommunikation....................................	13
	5.6 Medien..	13
6	Tourismus, Kultur, Kulinarik..........................	15
7	Bildungssystem..	17
8	Der Arbeitsmarkt......................................	21
	8.1 Aktuelle Lage.....................................	21
	8.2 Arbeitsvertrag....................................	22
	8.3 Gehaltsstrukturen, Prämien, Zusatzleistungen......	23

8.4 Arbeitszeiten 24
8.5 Sozialversicherung, Steuern............................ 24
8.6 Kündigung Abfindung 25
8.7 Urlaubsanspruch, Mutterschaftsurlaub, Feiertage 25

9 Die Wirtschaft 27
9.1 Rumänische Mentalität versus
    deutsche/österreichische/schweizer Mentalität 27
9.2 Aktuelle Lage.. 30
9.3 Rumänien und Korruption 32
9.4 Wichtige Wirtschaftszweige und Investitionschancen........... 32
9.5 Messen 37
9.6 Förderungen... 37

10 Firmengründung – die wichtigsten Gesellschaftsformen 39

11 Erfahrungen aus erster Hand 43

12 Fazit 49

Literatur... 53

Über die Autoren

Enikö Bucs ist Ungarin, aufgewachsen in Rumänien, gelernte Lehrerin und arbeitet seit über 27 Jahren im Vertrieb und Export in internationalen Firmen. Sie hat 10 Jahre in Deutschland gelebt und lebt seit 17 Jahren in Österreich und leitet den Vertrieb Deutschland, Österreich & Südosteuropa für einen Schweizer Hersteller. Die vielseitige Tätigkeit in verschiedenen Ländern haben ihr Einblick in die unterschiedlichen Arbeitsweisen, Gepflogenheiten und Mentalitäten gewährt.

Dipl.-Wirtsch.-Ing. Hatto Brenner verfügt über langjährige Erfahrungen in leitenden Positionen international tätiger Unternehmen. Als selbstständiger Berater, Seminaranbieter und Buchautor hat er sich spezialisiert auf den Themenbereich „Internationales Business Development". Mit seinem international verankerten Dienstleistungsangebot unterstützt er vorwiegend mittelständische Unternehmen beim Aufbau und bei der Abwicklung internationaler Geschäftsaktivitäten. Als Präsidiumsmitglied international orientierter Unternehmerverbände fördert er grenzüberschreitende Geschäftsaktivitäten der Mitgliedsunternehmen.

Einleitung

1

Dieses Buch stellt eine Basisinformation dar. Es soll Ihnen einen Einblick in den Geschäftsalltag Rumäniens gewähren. Aufgrund der Kurzfassung ist es nicht möglich einzelne Branchen oder gar Themen im Detail zu beleuchten. Viel mehr versuche ich (Enikö Bucs) Ihnen, weg von dem Stereotypen, ein Rumänienbild, einen Überblick über Land und Leute zu verschaffen, einige Chancen aufzuzeigen, aber auch die Eigenheiten dieses Marktes und die damit verbundenen Herausforderungen offenzulegen. Seit über 27 Jahren lebe und arbeite ich in Deutschland und Österreich, 10 Jahre war ich tätig in der Exportabteilung eines deutschen Großhändlers, danach habe ich den Export in Südosteuropa (SOE) für ein weiteres deutsches Unternehmen aufgebaut. Seit über 3 Jahren leite ich den Verkauf in den Märkten Österreich, Deutschland und SOE für einen Schweizer Hersteller. Meine Arbeitsweise ist ganz klar von der „westlichen Mentalität" geprägt. Als Ungarin, geboren und aufgewachsen in Rumänien, geschäftlich viel unterwegs in verschiedenen südosteuropäischen Ländern, kenne ich sowohl die teils ähnliche Mentalität ehemalig kommunistisch geführter Länder als auch die Erwartungen westeuropäischer Firmen sehr gut. In meinem Berufsalltag prallen oft Welten aufeinander! Von Himmel hoch jauchzend bis zu Tode betrübt – ist alles dabei im Verlauf eines Arbeitstages. Je mehr man über Land und Leute weiß, umso mehr Verständnis bringt man dem Gegenüber mit. Henry Ford sagt: „Wenn es überhaupt ein Geheimnis des Erfolges gibt, so besteht es in der Fähigkeit, sich auf den Standpunkt des anderen zu stellen und die Dinge ebenso von seiner Warte aus zu betrachten wie von unserer." Das hört sich leichter an, als es im Alltag ist.

Mein Wissen und meine Erfahrungen versuche ich themenübergreifend, praxisnah und übersichtlich darzustellen. Sie werden auch einige Tatsachen herauslesen, die sicher niemandem schmeicheln werden. Es soll Sie nicht abschrecken oder gar demotivieren, sondern auf die Gegebenheiten des Landes vorbereiten.

© Springer Fachmedien Wiesbaden GmbH, ein Teil von Springer Nature 2019
E. Bucs und H. Brenner, *Rumänien im Geschäftsalltag,* essentials,
https://doi.org/10.1007/978-3-658-24503-0_1

Rumänien hat definitiv sehr viel Potenzial und das in vielen Geschäftsbereichen. Neben Ihrer Investitionsbereitschaft sollten Sie auch viel Geduld, Verständnis und eine starke, strenge Führungshand mitbringen.

Während einer Schulung bei der IHK in Trier lernte ich Hatto Brenner kennen, der mich auf seine eigene Weise sofort gefördert und gefordert hat. Dafür bin ich ihm sehr dankbar. Ich werde den ersten gemeinsamen Vortrag über „Do's and Don'ts in Osteuropa" 2002 nie vergessen. 15 Jahre nach unserer Bekanntschaft entstand die Idee zu diesem Buch. Ich habe keine Minute gezögert.

Enikö Bucs

Geschichte nach 1848

Die Geschichte wirft lange Schatten – heißt es im Volksmund.

Durch die Vereinigung der Fürstentümer Moldau und Walachei wurde 1862 der moderne rumänische Staat gegründet. 1878 erfolgte die Anerkennung der Unabhängigkeit Rumäniens auf dem Berliner Kongress (vgl. Länder Lexikon 2018).

„Irgendwo in der Walachei" – ein oft gehörtes Sprichwort im deutschsprachigen Raum. Selten weiß der Nutzer dieses Sprichwortes, wo oder gar was die Walachei ist! Die Walachei ist der Süden Rumäniens, bestehend aus den historischen Regionen Oltenien und Muntenien.

Weitere Gebiete wurden im Verlauf der Jahrzehnte Rumänien eingegliedert. Als Folge des Ersten Weltkrieges und der 1920 im Versailler Vertrag niedergeschriebenen Bestimmung wurde das Staatsgebiet Siebenbürgen und Teile Banats von Ungarn abgetrennt und Rumänien zugesprochen, ebenso auch die Bukowina, Bessarabien und die gesamte Dobrudscha (vgl. Länder Lexikon 2018).

Zwischen 1965 und 1989 hatte sich die kommunistische Diktatur des Ceausescu-Regimes wie ein unheilbarer Virus breitgemacht. Diese Zeit hat Land und Leute nachhaltig geprägt, es entstand eine Gesellschaft voller Gegensätze: einerseits Vollbeschäftigung, jedoch akuter Mangel an Waren inklusive Grundnahrungsmittel und kaum gewinnbringende Leistung. Die Planwirtschaft hat nachhaltig und konsequent jede Form des unternehmerischen Denkens der Bevölkerung erfolgreich in Keim erstickt. Wem das dann zu viel wurde, der hat das Weite gesucht, mal mit mehr, mal mit weniger Erfolg. Man darf nicht vergessen, dass kein Bürger im Besitz eines eigenen Reisepasses war. Eine Reise ins Ausland konnte, wenn überhaupt, nur alle zwei Jahre (bis auf ein paar Ausnahmen) beantragt werden. Die Genehmigung war der allbekannten Securitate (rumänischer Geheimdienst) überlassen, die über alles und jeden Bescheid wusste und ziemlich erfolgreich kontrollierte. Der Staatsfernsehen und die

© Springer Fachmedien Wiesbaden GmbH, ein Teil von Springer Nature 2019
E. Bucs und H. Brenner, *Rumänien im Geschäftsalltag,* essentials,
https://doi.org/10.1007/978-3-658-24503-0_2

Tageszeitungen verbreiteten täglich fast nur die Lügenpropaganda der Ceausescus. „Radio Freies Europa" war die einzige wichtige Informationsquelle aus dem Westen. Natürlich wurde es als feindliches Propagandainstrument eingestuft und verboten, jedoch von wissenshungrigen Bürgern, die etwas von demokratischen Werten und Menschenrechten erfahren wollten, verbotenerweise regelmäßig und sehr gern gehört.

Mit Ende der Ceausescu-Ära 1989 befand sich die rumänische Wirtschaft, insbesondere die Industrie, in einem desolaten Zustand. Aufgrund einer unkontrollierten und schnellen „Privatisierung" wurden viele „Güter" im wahrsten Sinne des Wortes verscherbelt. Anarchie vor Demokratie machte sich breit. Dank der Unterstützung internationaler Geldgeber sowie der EU ist es Rumänien in den letzten fast 30 Jahren gelungen, die eigene Wirtschaft wieder nachhaltig zu beleben. Eine schöne Erfolgsgeschichte ist die des Automobilhersteller Dacia (gehört zu Renault). Vor 30 Jahren hätte niemand geglaubt, dass man rumänische Autos in Westeuropa verkaufen wird.

2004 wurde Rumänien NATO-Mitglied, 2007 Mitglied der Europäischen Union. Der rasante und teils chaotische Aufschwung der späten 1990er-Jahre und frühen 2000er-Jahre wurde von der weltweiten Finanz- und Wirtschaftskrise 2008 massiv eingebremst, führte den Staat 2011 in eine ernsthafte Krise und löste ein politisches Erdbeben aus. Korruption und Amtsmissbrauch heizten die Gemüter auf. So kam es Anfang 2017 zu den größten Massenprotesten der Geschichte Rumäniens. Geplante Strafminderungen wurden vorerst verhindert, der nationale und internationale Druck auf die Regierung wurde massiv erhöht. Und das war sicher erst der Anfang einer hoffentlich nachhaltigen erfolgversprechenden Bewegung.

Zahlen/Daten/Fakten heute

3.1 Geografie, Bevölkerung

Das Land befindet sich in Südosteuropa, erstreckt sich vom Schwarzen Meer über den Karpatenbogen bis hin zur Pannonischen Tiefebene und grenzt an fünf Staaten: Bulgarien (im Süden), Moldawien (im Osten), Ukraine (im Norden), Ungarn (im Westen) und Serbien (im Südwesten).

Rumänien hat eine Gesamtfläche von ca. 238.400 km^2 (Deutschland ca. 357.300 km^2) und damit die neuntgrößte Fläche der EU, mit 19.644.350 Einwohner die siebtgrößte Bevölkerung in der EU (3,91 %, vgl. Europäische Union 1995–2018, siehe Tab. 3.1).

In den letzten 15 Jahren hat Rumänien über 10 % der Bevölkerung verloren. Grund dafür ist die Auswanderung in benachbarte und ferne Länder oder eine temporäre Verlagerung des Lebensmittelpunktes, um besser bezahlte Jobs zu finden (Nationales Institut für Statistik Rumänien 2017).

Zeitzone

Deutschland, Österreich und die Schweiz befinden sich in der Zeitzone UTC+1, Rumänien in UTC+2, somit ergibt sich für das DACH-Gebiet (Deutschland – Österreich – Schweiz) eine Zeitverschiebung von einer Stunde.

© Springer Fachmedien Wiesbaden GmbH, ein Teil von Springer Nature 2019
E. Bucs und H. Brenner, *Rumänien im Geschäftsalltag,* essentials,
https://doi.org/10.1007/978-3-658-24503-0_3

Tab. 3.1   Bevölkerungsentwicklung Rumänien

	Volkszählung 1992	Volkszählung 2002	Volkszählung 2011	Volkszählung 2014	Volkszählung 2017
Bevölkerungsanzahl	23.286.794	22.628.665	20.121.641	19.947.311	19.638.309

Quelle: Nationales Institut für Statistik Rumänien (2017)

3.2   Regionen, Städte

Das Land lässt sich in folgende historische Regionen aufteilen: Siebenbürgen, Banat, Kreisch-Gebiet, Maramuresch, Bukowina, Moldau, Dobrudscha, Kleine Walachei (oder Muntenien), Große Walachei (oder Oltenien). Diese Regionen haben keine administrative Bedeutung.

Bukarest ist die Hauptstadt mit ca. 2 Mio. Einwohner (Wien: ca. 1,86 Mio. Einwohner) und ist die sechstgrößte Stadt der EU.

Die Tab. 3.2 zeigt die wichtigen Großstädte.

Das Top 10 Ranking nach der Anzahl der Bevölkerung der Städte hat sich in den letzten 30 Jahren sehr stark verändert. Sollte man eine Region oder Stadt bevorzugen, ist es sehr wichtig, die demografische Entwicklung auch aus dem wirtschaftlichen Aspekt zu analysieren. Bevölkerungsrückgang in einer Stadt ist nicht automatisch ein schlechtes Zeichen!

Tab. 3.2   Wichtige Großstädte Rumäniens

Top 10	Stadt	Einwohner 2017
1.	Bucuresti	2.104.967
2.	Iasi	371.889
3.	Timisoara	331.004
4.	Cluj-Napoca	323.108
5.	Constanta	315.394
6.	Craiova	303.321
7.	Galati	302.772
8.	Brasov	290.167
9.	Ploiesti	230.523
10.	Oradea	222.861

Quelle: Nationales Institut für Statistik Rumänien (2017): http://www.insse.ro/cms/

3.3 Verwaltungsgliederung

Rumänien ist eine Republik mit einem semipräsidentiellen Regierungssystem. Das Staatsoberhaupt ist der Präsident, Regierungschef ist der Premierminister. Der Staat ist in 41 Kreise und der Hauptstadt Bukarest unterteilt. Parallel dazu existieren in Rumänien acht Planungsregionen. Diese wurden im Zuge der Vorbereitung auf den EU-Beitritt geschaffen, haben jedoch keine realen Befugnisse und sind somit auch keine juristischen Verwaltungseinheiten. Die Planungsregionen sind allerdings für die Zuteilung von EU-Fördergeldern sowie für statistische Erhebungen von großer Bedeutung.

Bevölkerung

4

4.1 Minderheiten

Rumänien hat 19.644 Mio. Einwohner (davon 88,9 % rumänischer Volkszugehörigkeit, 6,5 % ungarischer Volkszugehörigkeit, 3,3 % Roma, 0,3 % ukrainischer Volkszugehörigkeit, 0,2 % deutscher Volkszugehörigkeit – Volkszählung in Rumänien 2011).

Die **größte Minderheit** im Land stellen heute die **Ungarn** mit ca. 6,5 % dar. Bei den ungarischen Mitbürgern ist seit 1989 auch eine starke Abwanderung nach Ungarn zu verzeichnen. Das Verhältnis zwischen Rumänen und Ungarn ist historisch bedingt vorbelastet, hat sich aber in den letzten Jahrzehnten weitgehend entspannt. Die Partei Demokratische Union der Ungarn in Rumänien (UDMR) ist seit der Gründung 1989 immer wieder Teil der Regierungskoalition, derzeit drittstärkste Partei des Landes.

Die zweitgrößte (es könnte aber auch die größte sein, niemand weiß das genau) Bevölkerungsgruppe der Minderheiten stellen die **Roma** (im Volksmund nach wie vor als „Zigeuner" bezeichnet). Wirtschaftlich und sozial (wie auch in anderen Ländern Osteuropas) stehen sie leider nicht gut da, leben teilweise unter katastrophalen Verhältnissen.

Seit den 1970er-Jahren haben mehr als 225.000 Bürger der **deutschen Minderheit** (bestehend aus Siebenbürger Sachsen und Banater Schwaben) ihre Heimat im rumänischen Karpatenbogen verlassen und sind in die BRD ausgewandert. Ungefähr die Hälfte „verkaufte" noch das sozialistische Regime von Nicolae Ceaușescu als Devisenbringer in die BRD. Weitere über 100.000 Menschen nutzten nach 1989 den Systemwechsel und die großzügige Unterstützung Deutschlands. Es ist schwer zu sagen, wie viele Deutsche einst in Rumänien gelebt haben. Mit weniger als 40.000 Menschen (Volkszählung in Rumänien 2011) lebt heute

© Springer Fachmedien Wiesbaden GmbH, ein Teil von Springer Nature 2019
E. Bucs und H. Brenner, *Rumänien im Geschäftsalltag,* essentials,
https://doi.org/10.1007/978-3-658-24503-0_4

aber nur mehr ein Bruchteil von ihnen hier. Die Auswanderer haben ihre Häuser
und ihre Kultur zurückgelassen. Bräuche und Traditionen verstauben, sorgfältig
in Kisten verpackt. Eine Geschichte, die im 12. Jahrhundert mit dem Zuzug von
deutschsprachigen Siedlern aus dem mittelrheinischen und moselfränkischen
Raum begonnen hatte, findet im Kommunismus ein jähes Ende. Die deutschen
Spuren sind in Zentral- und Westrumänien jedoch unverkennbar: die Architektur
der Städte und Dörfer, Kirchen, Burgen, das Handwerk, Straßennamen, zwei- oder
gar dreisprachige Ortsschilder, deutsche Schulen und vieles mehr. Die deutsche
Kultur bleibt trotzdem lebendig. Für eine wahrhafte Überraschung sorgte der ehemalige Oberbürgermeister von Hermannstadt (Sibiu), Klaus Werner Johannis, der
2014 zum Staatspräsidenten gewählt wurde.

4.2   Sprachen

Rumänisch ist eine romanische Sprache und die Amtssprache Rumäniens und
Moldawiens.

Die am meisten durch Minderheiten gesprochene und kulturell auch gepflegte
Sprache ist Ungarisch. Bis Mitte des 20. Jahrhunderts war Deutsch auch eine viel
gesprochene Sprache (im Zentrum und Westen des Landes), was sich allerdings
durch die rasante Abwanderung der deutschen Minderheit in den 1980er- und
1990er-Jahren rasch geändert hat.

Durch die Globalisierung gewinnen Fremdsprachenkenntnisse zunehmend an
Bedeutung. Hier gehört Rumänien in der EU mit zwei gelernten Fremdsprachen
je Schüler nach Sekundarabschuss (Internationale Standardklassifikation für das
Bildungswesen, Stufe 3, vgl. Europäische Union 1995–2018) seit Jahren zu den
Spitzenreitern.

4.3   Religionen

Die Religionsfreiheit ist durch die Verfassung garantiert.

Nach der letzten Volkszählung 2011 bekannten sich 87 % der Bevölkerung zur
rumänisch-orthodoxen Kirche, römisch-katholisch sind etwa 5 %, ca. 6 % Protestanten, etwa 1 % griechisch-katholisch, sowie 1 % sonstige Religionen (Volkszählung in Rumänien 2011).

Die Orthodoxe Kirche hatte schon immer einen großen gesellschaftlichen und
politischen Einfluss.

Infrastruktur

5

5.1 Luftfahrt

Der größte und wichtigste internationale Flughafen „Henri Coanda" befindet sich in Bukarest. 2012 wurde das neue Terminal eröffnet und somit die Kapazität wesentlich erhöht. Bukarest hat auch einen zweiten Flughafen, „Baneasa", der eher von Billig-Airlines angeflogen wird. Bukarest hat eine gute Anbindung an alle wichtigen Städte Europas. International angeflogen werden außerdem die Flughäfen in Cluj-Napoca, Timisoara, Iasi, Sibiu, Targu Mures, Bacau und Craiova. Weitere Flughäfen gibt es in Arad, Oradea, Satu Mare, Baia Mare, Suceava, Constanta – allerdings mit einem überschaubaren Flugplan.

5.2 Straßenverkehr

Das Kennzeichen rumänischer Fahrzeuge ist RO.

Seit Januar 2005 besteht eine Vignettenpflicht für PKW und LKW auf allen Straßen. Die „Rovinieta" ist an allen Grenzübergängen sowie an Tankstellen erhältlich.

Rumänien ist seit dem 1. Januar 2007 Mitglied der EU und könnte viel mehr Geld zur Verbesserung und zum Ausbau der Infrastruktur beantragen. Dies geschieht nur sehr zögerlich, somit wird auch der mögliche Rahmen der Förderungen leider bei weitem nicht ausgeschöpft. Die Hauptursache ist die ineffiziente Verwaltung und die Korruption, welche die Infrastrukturprojekte nicht in angemessener Zeit vorantreibt. Dementsprechend schwach ist auch die Infrastruktur des Landes 29 Jahre nach der Wende. Kurz und knapp ausgedrückt, man kommt nur sehr langsam weiter. Ende 2017 verfügte das Land über bescheidene ca. 746 km Autobahn, weitere 206 km sind in Arbeit. Alle Informationen zu dem rumänischen Autobahnnetz finden Sie unter: http://www.130km.ro/calendar.html.

© Springer Fachmedien Wiesbaden GmbH, ein Teil von Springer Nature 2019
E. Bucs und H. Brenner, *Rumänien im Geschäftsalltag*, essentials,
https://doi.org/10.1007/978-3-658-24503-0_5

Bundesstraßen wurden und werden zwar immer wieder saniert und ausgebaut, der Durchfahrtsverkehr aus den Großstädten möglichst umgeleitet, trotzdem ist viel Geduld und Ausdauer gefragt auf Rumäniens Straßen. Demzufolge konzentrieren sich Investitionen in und um die besser angeschlossenen Städte des Landes. Die schlechte Infrastruktur ist auch mit ein Grund dafür, dass der Unterschied zwischen dem Leben in den Städten und dem Leben auf dem Land so groß ist.

Hier ein Pferdewagen, dort eine Schafherde verteilt auf den welligen, sanften Wiesen, der Schafhirte, zwar in seiner traditionellen Tracht, jedoch mit mindestens einem Smartphone in der Hand, aus der Ferne das Läuten einer Kirchenglocke, dann wiederum heult der Motor eines teuren Sportwagens auf und stört die einsame Ruhe… Was der Tourist idyllisch und kontrastreich empfindet, mag auf einen Geschäftsreisenden ganz anders wirken. Nehmen Sie sich für Fahrten durchs Land viel Zeit. Und wenn Sie schon fahren müssen, dann machen Sie das Beste draus und genießen Sie die schöne Landschaft. Der Berufsalltag bringt Sie dann schnell wieder in die Realität zurück.

Mietwagen – Neben den international bekannten Verleihfirmen bieten auch einheimische Agenturen Mietwagen an. Die auf den ersten Blick günstigen Preise sollte man sehr genau überprüfen. Nicht unwesentlich sind die zusätzlichen Rückführungskosten, falls Sie den Mietwagen nicht am gleichen Ort wieder abgeben.

Taxifahren ist günstig. Wenn Sie nur in einer Stadt unterwegs sind, verzichten Sie lieber auf einen Leihwagen. Diesen sollte man in Bukarest auf jeden Fall weglassen, Parkplätze zu finden ist eine echte Herausforderung! Außerdem kennen Taxifahrer die Stauzonen und Stauzeiten bestens und finden immer einen Schleichweg. Mittlerweile stellt fast jeder Taxifahrer den Taxameter, falls nicht, verlangen Sie das. Es werden Taxifahrten zu Fixpreisen auch an entfernte Destinationen angeboten. Es lohnt sich die Preise zu vergleichen! Zum Preis eines Mietwagens inkl. Treibstoff bekommt man oft die Taxifahrt samt Fahrer. Das mühsame Selbstfahren bleibt einem somit erspart.

Fahrradwege sind nicht gut ausgebaut, höchstens punktuell vorhanden.

5.3   Bahn

Reisen mit der Bahn (Staatsbahn CFR) kann man nur abenteuerlustigen Urlaubern empfehlen, aber sicher nicht Geschäftsreisenden. Der Großteil des Schienennetzes bedarf einer umfangreichen Modernisierung. Im Fernverkehr wurden zwar in den letzten Jahren einige moderne Züge eingesetzt, jedoch wird das Tempo dem veralteten Bahnnetz angepasst.

5.4   Wasserverkehr

Der wichtigste Seehafen befindet sich in Constanta, an der Schwarzmeerküste. Die bedeutendste Wasserstraße des Landes in die Donau mit Häfen in Braila, Galati und Giurgiu.

5.5   Kommunikation

Telekommunikation
Das Mobilfunknetz ist sehr gut ausgebaut und gehört weltweit zu den schnellsten. Es gibt mehr Mobilfunkanschlüsse als Festnetzanschlüsse in Rumänien. Nicht selten hat der/die Rumäne/in 2 bis 3 Mobilgeräte.
Die Ländervorwahl ist: +40

Notrufe
112 ist die allgemeine kostenlose internationale Notrufnummer, über die Polizei, Notarzt und Feuerwehr angefordert werden können.
Über die Rufnummer 113 erreicht man die Nothilfe per SMS.

Internet
Einen Internetanschluss hatten 2017 auch schon knapp 70 % der Haushalte. Die regionalen Unterschiede bewegen sich zwischen 65 % im Süden und 80 % in Bukarest (vgl. Nationales Institut für Statistik Rumänien 2017).

5.6   Medien

Pressefreiheit ist grundsätzlich gewährleistet, die Medienvielfalt ist sehr groß. Das wichtigste Medium im Land ist das Fernsehen. Printmedien verlieren hierzulande auch immer mehr an Leserschaft, während das Internet kaum noch wegzudenken ist.

„Die Allgemeine Deutsch Zeitung für Rumänien" ist die am weitesten verbreitete deutschsprachige unabhängige Tageszeitung und zugleich auch die einzige in Mittel- und Osteuropa.

Weitere lokale deutschsprachige Zeitungen sind: „Hermannstädter Zeitung", „Neue Banater Zeitung" und „Karpatenrundschau".

Die Digitalisierung der Printmedien hat hier auch Einzug gehalten. So werden diese Zeitungen immer mehr auch von Lesern im Ausland abonniert.

Tourismus, Kultur, Kulinarik

6

Rumänien ist ein sehr schönes ursprüngliches Land, leider touristisch (oder glücklicherweise – das liegt im Auge des Betrachters) nur schwach erschlossen. Auf dem Gebiet gibt es sicher sehr viel Potenzial, sowohl in der Erschließung neuer touristischer Gebiete als auch im Ausbau bestehender Touristenzentren, welche heute überwiegend von Inländern frequentiert werden. Voraussetzung hierfür ist erneut die Fertigstellung der Infrastruktur, allem voran das Autobahnnetz.

Empfehlenswert ist die wunderbare Natur in Sichtweite der bis zu 2544 m hohen, oft schneebedeckten Fogarascher **Berge.** Der bedeutendste Fluss des Landes ist die Donau und fließt über 1000 km entlang der rumänisch-serbischen und der rumänisch-bulgarischen Grenze, bis sie im spektakulären **Donaudelta** (seit 1993 Naturschutzgebiet und in der Weltnaturerbeliste der UNESCO) ins Schwarze Meer mündet. Wandern, Radfahren oder gar mit dem Camper auf Nebenstraßen die Landschaft zu genießen, Angeln im Donaudelta, die Jagd in den Wäldern der Karpaten, auf dem Fahrradsattel oder mit dem Motorrad die malerischen Dörfer erkunden, das ist Bio Urlaub für Leib und Seele. Und wenn sich die Geschäfte nicht nach den Vorstellungen der westeuropäischen Geschäftsleute entwickelt, kann z. B. die Leidenschaft fürs Jagen über schlechte Zeiten hinwegtrösten und auf bessere hoffen lassen – das soll schon mal vorgekommen sein.

Zu den wichtigsten **kulturellen Denkmälern** zählen die schönen Klöster in der Moldau, die Schwarze Kirche in Brasov (Kronstadt), die vielen Kirchenburgen Siebenbürgens, die Altstadt von Sighisoara (Schäßburg), Cluj (Klausenburg), Sibiu (Hermannstadt), Brasov (Kronstadt). Bukarest wird aufgrund seines Baustils nicht selten auch „Paris des Ostens" genannt. Die teils renovierte Altstadt weist viele interessante Bauten, Pubs und Restaurants auf. Der Parlamentspalast (eine teure Hinterlassenschaft der kommunistischen Ära, ursprünglich „Haus des Volkes" genannt) ist zwar das größte Gebäude Europas, zugleich aber auch Feindbild vieler Rumänen.

© Springer Fachmedien Wiesbaden GmbH, ein Teil von Springer Nature 2019
E. Bucs und H. Brenner, *Rumänien im Geschäftsalltag*, essentials,
https://doi.org/10.1007/978-3-658-24503-0_6

Inmitten des krisengeschüttelten hektischen Alltags haben eine Reihe krea-
tiver Köpfe seit einigen Jahren eine beeindruckende Kunst- und Kulturszene
geschaffen. Mittelpunkt der kulturellen Szene ist Bukarest.

Kulinarik – „Man soll dem Leib etwas Gutes bieten, damit die Seele Lust hat
darin zu wohnen" (Winston Churchill).

Die rumänische Küche ist sehr fleischhaltig und geprägt durch die zahl-
reichen Varianten der balkanischen Küche (z. B. mititei – Cevapcici; Mousaka),
der ungarischen Küche (Krautwickler) und deutschen Küche. Besonders popu-
lär und lecker sind Suppen (ciorba – Gemüsesuppe in verschiedenen Varianten,
mit oder ohne Fleisch) und Eintöpfe (Kuttelsuppe für die Mutigen). Unter den
Weinkennern ist der **rumänische Wein** schon längst kein Geheimtipp mehr, sondern wird sehr geschätzt. Rumänien ist eine große Weinnation mit einer sehr alten
Weintradition. Die klimatischen Bedingungen sind sehr gut, sowohl für Rotweine
(überwiegend im Süden) als auch für Weißweine (im Zentrum, sowie im Osten).
Biertrinker kommen aber auch auf ihre Kosten! Beim Anstoßen wünscht man:
„Noroc!" (Glück) oder „Sanatate!" (Gesundheit)! Bloß nicht das deutsche „Prost"
sagen bitte, das bedeutet nämlich „dumm"!!! So direkt will doch niemand werden, wenn es endlich gemütlich wird, oder?

Achten Sie auf die erste Seite der Speisekarten! Die Regierung hat folgen-
des Gesetz verabschiedet: Sollten Sie keine ordentliche Rechnung über Ihre
Konsumation erhalten, sind Sie nicht verpflichtet zu zahlen. Eine wirksame
Korruptionsbekämpfung!

Hotels gibt es in allen Kategorien, sowohl für Urlauber als auch für Geschäftsleute. Die Anzahl der Sterne entspricht nicht immer den westeuropäischen
Erwartungen. Gut bewährt haben sich hierzulande auch die Bewertungen der verschiedenen Internet-Buchungsplattformen.

Bildungssystem 7

Das staatliche Bildungswesen war und ist kostenfrei. Nach 1989 hat es einige gesetzliche Änderungen gegeben, trotzdem bleibt ein großer Reformbedarf im gesamten Unterrichtswesen, besonders in der Qualifizierung und Weiterbildung des Lehrpersonals. Die prekäre Lage wird durch die schlechte Entlohnung verschärft.

Die Pflichtschule besteht aus vier Jahren Grundschule (ca. ab dem 6. Lebensjahr), gefolgt von weiteren vier Jahren Mittelschule. Erst danach erfolgt eine Splittung nach Fachbereichen. Nach erfolgreich bestandener Aufnahmeprüfung besuchen die Schüler weitere vier oder fünf Jahre ein theoretisches oder berufsspezifisches Lyzeum oder seit 2014 eine Berufsschule von drei Jahren mit 720 h Praktikum, sprich praxisorientierte Erfahrung. Nach drei Jahren Berufsschule oder vier beziehungsweise fünf Jahren Lyzeum erhält man eine Bescheinigung einer Berufsqualifikation bzw. eine Abschlussbescheinigung des Lyzeums. Beide berechtigen den Schüler eine Meisterschule oder postlyzeale Schule zu besuchen, jeweils für drei Jahre.

Der Berufsschule wurde jahrelang keine Aufmerksamkeit geschenkt. 2014 ist Bewegung in die Angelegenheit gekommen, die Weichen wurden gestellt, jedoch befindet sich dieser Ausbildungsweg in der „Selbstfindungsphase". Die ersten dualen Ausbildungen wurden bereits 2014 gestartet. Eine nützliche Plattform für Schüler, Lehrer, aber auch für Unternehmen ist: http://www.alegetidrumul.ro/. (übersetzt „Wähle Deinen Weg"). Um die Bedeutung der direkten Arbeitsmarktanbindung zu erhöhen, haben die Arbeit gebenden Unternehmen des dualen Ausbildungsprogramms die Möglichkeit, sich direkt an der Ausbildung der am Programm teilnehmenden Schüler zu beteiligen – eine gute Plattform zur Findung und Ausbildung von Arbeitskräften.

Erst die erfolgreiche Matura (diploma de bacalaureat) berechtigt Lyzeumsabsolventen zur Aufnahmeprüfung an einer Hochschule (für weitere 3–6 Jahre).

© Springer Fachmedien Wiesbaden GmbH, ein Teil von Springer Nature 2019

E. Bucs und H. Brenner, *Rumänien im Geschäftsalltag,* essentials,

https://doi.org/10.1007/978-3-658-24503-0_7

Abb. 7.1 zeigt eine stark vereinfachte tabellarische Darstellung des Schulsystems ohne Angabe der verschiedenen Bereiche/Fächer.

Die schulische und akademische Bildung hat in Rumänien einen sehr hohen Stellenwert. Ein akademischer Titel ist eher ein Garant für die Besetzung einer Stelle als ein fundiertes Wissen aufgrund jahrelanger Erfahrung. Ein Berufsbildungswesen wie in Österreich oder Deutschland gab es bis 2014 nicht. Somit werden Sie auch keine „Handwerker-Tradition" und auch keine Wertschätzung in vielen handwerklichen Berufen vorfinden. Trotz allem gibt es sehr gute Handwerker, „geht nicht – gibt's nicht". Die Not macht erfinderisch, heißt es im Volksmunde. Und das umso mehr im Sozialismus, wo es an allem und jedem mangelte. So entstanden innovative und kreative Notlösungen, die jeden Westeuropäer ins Staunen versetzen würden. Das Problem ist gelöst, Man(n) ist stolz, alles andere

Das rumänische Bildungswesen

	Unternehmen	Universität	
		↑	
	↑	Abitur	
	Zertifikat	Lyzeum Klasse XII	17-18 Jahre
P f l i c h t s c h u l e	Berufsschule / Duale Ausbildung	Lyzeum Klasse XI	16-17 Jahre
	Berufsschule / Duale Ausbildung	Lyzeum Klasse X	15-16 Jahre
	Berufsschule / Duale Ausbildung	Lyzeum Klasse IX	14-15 Jahre
	Gymnasialstufe Klasse V-VIII		10-14 Jahre
	Grundschule Klasse I-IV		6-10 Jahre
	Vorschule Klasse 0		6 Jahre

Abb. 7.1 Darstellung des Schulsystems. (Quelle: AKH Rumänien 2017)

ist egal. Da bleiben Effizienz, Präzision und das optische Erscheinungsbild oft auf der Strecke, eine gewisse Oberflächlichkeit ist in allen Bereichen omnipräsent. Und trotzdem funktioniert vieles auch so.

Die meisten deutschen, österreichischen und schweizerischen Investitionen und Firmengründungen sind in und um Bukarest, in Siebenbürgen (Zentrum) und im Banat (Westen) vorzufinden, Gebiete, wo jahrhundertelang Siebenbürger Sachsen und Banater Schwaben gelebt haben. Hier gibt es auch einige deutsche Schulen. Die größten sind: Deutsches Goethe-Kolleg in Bukarest; Nikolaus-Lenau-Lyzeum Temeswar (Timişoara); Johannes-Honterus-Lyzeum Kronstadt (Braşov) oder Brukenthal-Lyzeum Hermannstadt (Sibiu). An manchen Schulen kann man neben einem rumänischen Bakkalaureat auch ein deutsches Abitur erwerben. In den gleichen Regionen bieten Hochschulen deutschsprachige Studiengänge in Humanwissenschaft, Wirtschaftswissenschaft und Technik. Eine aktuelle Aufstellung finden Sie auf der Homepage der DAAD (Deutscher Akademischer Austauschdienst): http://www.daad.ro/.

Eine Übersicht aller staatlichen und privaten Universitäten in Rumänien finden Sie unter anderem unter:

www.universitati.ro

http://www.old.edu.ro/riiss.htm

http://www.study-in-romania.ro/romuniv.htm

▷ **Gut zu wissen** Ein Ingenieur (ing.) hat in Rumänien einen universitären Abschluss, anders als in Österreich!

Der Arbeitsmarkt

8

Die Attraktivität des rumänischen Marktes wurde bereits von vielen deutschen, österreichischen und schweizerischen Unternehmen erkannt und zu einem Erfolg gemacht. Einerseits ist das Land ein interessanter Absatzmarkt mit knapp 20 Mio. Einwohnern. „Made in Germany" hat sich schon fast wie eine eigene „Marke" etabliert und genießt ein sehr hohes Ansehen. Die Qualität aus Österreich ist ebenfalls sehr geschätzt. „Swiss made" verbindet man gleichermaßen mit sehr hoher Präzision, aber auch sehr hohen Preisen.

Weitere Vorteile sind die günstige geografische Lage in Südosteuropa, ein zum großen Teil der EU angepasstes Rechtssystem, die gute Qualifizierung der Arbeitskräfte und zugleich ein noch immer attraktives Lohnniveau.

8.1 Aktuelle Lage

Mit Hinblick auf den Arbeitsmarkt, die Einkommensverteilung und das Armutsrisiko weist das Land ein erhebliches Stadt-Land-Gefälle auf.

Die **Arbeitslosigkeit** lag 2017 bei 4,9 % (Auswärtiges Amt 2017). Allerdings täuscht diese Zahl. Die Hauptstadt, die Regionen Siebenbürgen und Westrumänien verzeichnen in der Tat aufgrund der prosperierenden Wirtschaftslage eine „Fast"-Vollbeschäftigung, das aber auch nur in der Statistik. Einige Branchen (zum Beispiel das Baugewerbe, diverse Handwerksberufe, Gesundheitswesen, u. v. m.) leiden unter akutem Arbeitsmangel. In wirtschaftsschwachen Regionen (der Süden des Landes) ist die Arbeitslosigkeit sehr hoch. Nicht unwesentlich wird diese Statistik von der Schwarzarbeit verfälscht. Dazu kommt noch die Arbeitsmigration vieler Rumänen/innen. Teuer ausgebildete Arbeitskräfte werden zu niedrigen Löhnen im Ausland eingesetzt und somit dem Land „entzogen", eine Entwicklung, die in vielen osteuropäischen Ländern allgegenwärtig ist. Dieser

© Springer Fachmedien Wiesbaden GmbH, ein Teil von Springer Nature 2019
E. Bucs und H. Brenner, *Rumänien im Geschäftsalltag*, essentials,
https://doi.org/10.1007/978-3-658-24503-0_8

Arbeitermangel bremst die Expansion vieler kleiner und mittelständischer Unternehmen, die ein gutes Wachstumspotenzial hätten. Das Positive aus Arbeitnehmersicht daran ist, dass zurückkehrende Arbeitskräfte zukünftig besser entlohnt werden und somit das Lohnniveau steigen wird, eine Entwicklung die heute schon spürbar ist.

In Rumänien fehlt die gut qualifizierte mittlere Generation 40+/50+. Diese Jahrgänge wanderten aus oder fielen dem Kollaps des Bildungssystems in den 1990er-Jahren zum Opfer. Von der heranwachsenden jungen Generation 30+ wird in der Wirtschaft genau das verlangt, was ihren Eltern im Sozialismus regelrecht abtrainiert wurde, nämlich Eigeninitiative, unternehmerisches Denken, Verantwortung übernehmen. Sie befinden sich noch in einem Lernprozess. Der akute Mangel an Führungspersönlichkeit, sowohl in der Wirtschaft, als auch in der Politik, erschwert und verlangsamt leider diesen Prozess erheblich. Diese Tatsache gepaart mit der schlechten Entlohnung der Berufseinsteiger zwingt viele junge, talentierte und gut ausgebildete Menschen ihr Glück im Ausland zu suchen. Das ist ein sehr großer wirtschaftlicher Verlust für das Land und führt heute schon zu Mangel an Arbeitskräften in vielen Branchen (z. B. in verschiedenen Handwerksberufen, Gesundheitswesen, u. v. m.). Diese Generation denkt bereits unternehmerisch, ist anpassungsfähig und könnte in jeder Firma im Westen Karriere machen. Wenn sie einen guten und auch noch gut bezahlten Job in der Heimat fänden, würden viele das Land nicht mehr verlassen.

8.2   Arbeitsvertrag

Sämtliche Rechte und Pflichten der Arbeitgeber und Arbeitnehmer finden Sie im Arbeitsgesetzbuch unter: http://www.codulmuncii.ro/titlul_1_1.html.

Grundsätzlich wird ein individueller Arbeitsvertrag, bis auf einige wenige Ausnahmen, für Personen ab einem Alter von 16 Jahren auf einen unbefristeten Zeitraum abgeschlossen (ab 15 Jahren nur mit schriftlicher Zustimmung der Eltern), schwere, gesundheitsschädliche und gefährliche Jobs ab einem Alter von 18 Jahren. Kurzzeitjobs werden über Arbeitsagenturen (agent de munca temporara) abgewickelt. Die Verpflichtung, den individuellen Arbeitsvertrag schriftlich in rumänischer Sprache abzuschließen, obliegt dem Arbeitgeber. Die Probezeit beträgt bei Führungskräften maximal 120 Tage, ansonsten maximal 90 Tage. Die Rechte und Pflichten des Arbeitsverhältnisses werden durch das Gesetz, im Rahmen von Tarifverträgen und durch individuelle Verhandlungen festgelegt.

Sämtliche Änderungen zu dem im Vertrag vereinbarten Konditionen müssen binnen 20 Tagen schriftlich festgelegt werden.

Wettbewerbs-, Ausbildungs-, Vertraulichkeitsklauseln o. ä. sind unter gewissen Voraussetzungen üblich.

Aufgrund der Komplexität kann dieses Thema nicht ausführlich beleuchtet werden. Gesetze und Vorschriften ändern sich sehr oft und vor allem spontan. Ein Steuerberater mit sehr guten deutschen oder englischen Sprachkenntnissen sollte ein stetiger enger Begleiter Ihres Erfolges werden. Eine umfassende deutschsprachige Beratung erhalten Sie zum Beispiel bei der AHK Rumänien, bei der Wirtschaftskammer Österreich WKO oder der Handelskammer Schweiz CEE. Unter nachfolgendem Link finden Sie ausführliche Details zum rumänischen Arbeitsrecht in deutscher Sprache: http://rumaenien.ahk.de/fileadmin/ahk_rumaenien/Dokumente/Merkblaetter/Arbeitsrecht_2017.pdf.

8.3 Gehaltsstrukturen, Prämien, Zusatzleistungen

Der durchschnittliche Monatsnettolohn lag 2017 bei 522 € (vgl. Auswärtiges Amt 2017), zu beachten sind jedoch starke regionale und sektorale Unterschiede. Der Mindestlohn pro Monat liegt aktuell bei 1900 RON brutto, ca. 400 €; (Eurokurs Januar 2018: 1 € = 4,6 RON, vgl. Deutsch-Rumänische Industrie- und Handelskammer AKH 2017), ist auf Basis von 8 Arbeitsstunden gesetzlich festgelegt und darf nicht unterschritten werden. Deutliche Überbezahlungen in verschiedenen Branchen (z. B. IT-Branche) sind üblich und immer öfter nötig aufgrund des akuten Personalmangels in verschiedenen Gewerben.

Je nach Art der Beschäftigung können Löhne in einen fixen und einen variablen Anteil aufgeteilt werden. Man sollte jedoch darauf achten, dass das Fixum den größeren Anteil ausmacht, der variable jedoch ein interessanter Anreiz bleibt.

Zusatzleistungen sind eine gute Bindung des Arbeitnehmers an das Unternehmen. Diese können wie folgt sein: Lebensversicherungen, zusätzliche Krankenversicherungen (mit einem kleinen Aufpreis erweiterbar für die ganze Familie), Rentenversicherung, Essensgutscheine, Prämien. Ein Dienstwagen ist auch eine sehr wirksame Motivation. Viele Firmen haben ein firmeneigenes Treueprogramm („program de fidelitate") auf freiwilliger Basis.

▶ **Gut zu wissen** Rumänische Arbeitnehmer sprechen untereinander über ihre Löhne!

8.4   Arbeitszeiten

Ein Vollzeitbeschäftigter arbeitet 8 h pro Tag und 40 Wochenstunden, maximale Arbeitszeit von 48 h kann nur überschritten werden, wenn innerhalb von 4 Monaten im Durchschnitt 48 Wochenstunden nicht überschritten wurden. Die tägliche Maximalarbeitszeit darf 12 h nicht überschreiten. Danach wird eine Ruhezeit von 24 h vorgeschrieben. Unregelmäßige Arbeitszeiten sind möglich.

Es sind pro Woche 2 aufeinanderfolgende Ruhetage vorgesehen, in der Regel Samstag und Sonntag.

Teilzeit- oder Halbtagsjobs sind eher selten, sehr viel Verständnis haben Arbeitgeber dafür nicht, eine Ausnahme sind junge Mütter oder Personen in der Ausbildung.

8.5   Sozialversicherung, Steuern

Der Arbeitgeber ist für die Organisation der Krankenversicherung und Maßnahmen des Arbeitsschutzes verantwortlich.

Lohnnebenkosten und sonstige Abgaben werden seit Januar 2018 vom Arbeitgeberanteil überwiegend auf den Arbeitnehmer übertragen. Diese teilen sich nun wie folgt auf:

Arbeitnehmeranteil in % vom Bruttolohn:

- Sozialversicherung 25 % (3,75 % davon werden in einem privaten Rentenfonds eingezahlt)
- Krankenversicherung 10 %

Arbeitgeberanteil in % vom Bruttolohn

- Arbeitsversicherung: 2,25 %
- Sozialversicherung: 4 % bzw. 8 %, je nach Arbeitsbedingung

Die Lohnsteuer beträgt 10 % und wird nach Abzug des persönlichen und Arbeitnehmer-Sozialversicherungsanteil berechnet. Versteuert werden: Privatnutzung eines Firmenwagens (1,7 % vom Neuwert), vom Arbeitgeber bezahlte Versicherungsprämien, Reisetickets, Telefonkosten, u. v. m.

Die Körperschaftssteuer liegt bei 16 %.

Steuerfreie Einkünfte sind: monatliche Renten bis 2000 RON, Tagesspesen (Inland 42,5 RON, EU Ausland 87,5 RON), Reisekosten, Schulungs- und Fortbildungskosten (vgl. Deutsch-Rumänische Industrie- und Handelskammer AKH 2017).

Da in den letzten Jahren sehr viele Anpassungen und Änderungen vorgenommen wurden und ständig werden, empfehle ich Ihnen bei Bedarf unbedingt eine tagesaktuelle Fachberatung in Anspruch zu nehmen.

8.6 Kündigung Abfindung

Kündigungen bedürfen ebenfalls einer schriftlichen Form. Die im Arbeitsvertrag gültige Kündigungsfrist gilt grundsätzlich. Gekündigte Mitarbeiter haben eine Kündigungsfrist von nicht weniger als 20 Tagen. Wenn der Arbeitnehmer kündigt, gilt eine Frist von nicht länger als 20 Tagen für Arbeitnehmer ohne Führungsposition und maximal 45 Tagen für Führungskräfte. Einen Mitarbeiter zu kündigen ist gar nicht mehr so einfach! Das Arbeitszeugnis „Scrisoare de recomandare" ist zwar bekannt, wird aber bei einem Vorstellungsgespräch selten gefragt, da dieses selten wahrheitsgetreu ist. Sollten Sie die Möglichkeit haben einen der ehemaligen Arbeitgeber zu kontaktieren, ist das eher aussagekräftig. Große Firmen leisten sich oft bei der Auswahl der Mitarbeiter die teuren Assessment Center.

8.7 Urlaubsanspruch, Mutterschaftsurlaub, Feiertage

Gesetzlich stehen jedem Mitarbeiter 20 **Urlaubstage** zu. Pro Jahr müssen mindestens 10 Urlaubstage aufeinanderfolgend konsumiert werden. Für besondere Familienereignisse (Hochzeit, Todesfall) haben Arbeitnehmer ein Recht auf zusätzliche Ferientage, die Anzahl ist vom Arbeitgeber festzulegen.

Haupturlaubszeit ist im Sommer Juli bis Anfang/Mitte September; im Winter sollte man kurz vor Weihnachten bis ca. Mitte Januar keine Termine fixieren. Im Großteil Rumäniens wird Ostern zweimal gefeiert: für die orthodoxen Christen (über 80 % der Bevölkerung) und für die Protestanten und Katholiken. Ostern ist die zweitwichtigste Feier im Land. Alle paar Jahre fallen beide Osterfeste auf ein und denselben Termin.

Bildungsurlaub kann gegen oder ohne Entgelt gewährt werden. Selbst finanzierter Bildungsurlaub kann höchstens für eine Dauer von 10 Tagen oder 80 h beantragt werden. Für die Vorbereitung einer Diplomarbeit kann ein unbezahlter Urlaub von 30 Tagen beansprucht werden.

Mutterschaftsurlaub beträgt 126 Tage, davon sind mindestens 42 Tage nach der Geburt verpflichtend. Der weitere **Erziehungsurlaub** kann insgesamt zwei Jahre nach der Geburt des Kindes beansprucht werden. In dieser Zeit beziehen Mütter 85 % ihres Durchschnittseinkommens der letzten 12 Monate netto, jedoch nicht weniger als 85 % des Brutto-Mindestlohns und zurzeit gedeckelt auf 8500 RON (ca. 1880 €) pro Monat.

Väter verfügen über fünf Tage Vaterschaftsurlaub. Vaterkarenz ist in Rumänien nicht üblich, man könnte sogar sagen verpönt. Das passt nicht in das Weltbild eines rumänischen Mannes.

Gesetzliche Feiertage sind:

- 1. und 2. Januar: Neujahr
- 24. Januar: Vereinigung der rumänischen Fürstentümer
- Der erste und der zweite Ostertag (Achtung, die orthodoxen und christlichen Ostern fallen nicht immer zusammen!)
- 1. Mai: Internationaler Tag der Arbeit
- Der erste und der zweite Pfingsttag
- 1. Juni: Kindertag
- 15. August: Mariä Himmelfahrt
- 30. November: Tag des heiligen Andrei
- 1. Dezember: Nationalfeiertag
- 25. und 26. Dezember: Weihnachten
- Je zwei religiöse Feiertage für Nicht-Christen

Das Arbeiten an gesetzlichen Feiertagen wird mit einer Lohnzulage von mindestens 100 % vergütet.

Die Wirtschaft 9

9.1 Rumänische Mentalität versus deutsche/ österreichische/schweizer Mentalität

Treffen zwei Menschen aus verschiedenen Kulturen aufeinander, neigen sie dazu, das Verhalten ihres Gegenübers anhand ihrer eigenen Einstellungen und Werte zu interpretieren. Zugleich trägt auch jeder Mensch bestimmte Vorstellungen über andere Nationen und Kulturen in sich. *Der* Deutsche ist fleißig und sehr präzise, was wiederum oft als übertriebener Perfektionismus gewertet wird. Der Pünktlichkeit und Ordnungsliebe steht in der Verständigung oft mangelnde Flexibilität gegenüber. Fleiß und die hohe Qualität der Arbeit wird oft als Arbeitsbesessenheit gewertet, obwohl deutsche Qualität als anzustrebender Qualitätsstandard anerkannt wird. *Der* Österreicher nimmt alles etwas lockerer und wirkt dadurch oft gemütlicher, kann aber genauso fordernd und bestimmend sein. *Die* Schweiz ist das Land des Geldes, der Banken und alle sind reich – so die Klischees. Man muss im Geschäftsalltag immer wieder daran erinnern, dass das Geld auch in der Schweiz nur mit viel Fleiß und Engagement verdient wird.

Wo Menschen arbeiten, kommt es immer wieder zu Meinungsverschiedenheiten, Spannungssituationen, Konflikten. Um einiges brisanter wird es, wenn die Mentalitätsunterschiede dazukommen. Kulturell beeinflusste und sozial geprägte Erwartungen entscheiden maßgeblich über den Erfolg oder Misserfolg der Geschäftsbeziehungen. Umso wichtiger ist es, dass man sich mit der Kultur und der Geschichte des Landes befasst. Nicht unwesentlich ist auch die Auseinandersetzung mit der eigenen Kultur und deren Wirkung auf die rumänische Mentalität.

Es wird zu Situationen kommen, wo es jeder gut meint, nach bestem Wissen und Gewissen handelt, die Situation trotzdem eskaliert, alles geht den Bach runter, keiner fühlt sich schuldig, jeder ist beleidigt. Unverständnis macht sich

© Springer Fachmedien Wiesbaden GmbH, ein Teil von Springer Nature 2019
E. Bucs und H. Brenner, *Rumänien im Geschäftsalltag,* essentials,
https://doi.org/10.1007/978-3-658-24503-0_9

auf beiden Seiten breit. Solche und ähnliche Situationen sollten offen in einem gemütlichen Rahmen, vielleicht nach Arbeitsschluss bei einem Glas Wein, angesprochen werden. Einerseits ist das eine gute Gelegenheit, Ihre Kollegen/ Mitarbeiter/Geschäftspartner schneller kennenzulernen, anderseits leisten Sie einen wesentlichen Beitrag zu Förderung und Festigung der weiteren Geschäftsbeziehung.

Um langfristig erfolgreich tätig zu sein, bedarf es einer gründlichen Vorbereitung. Unumgänglich ist die Auswahl des richtigen Geschäftspartners vor Ort, mit dem Sie *gemeinsam* Ihre Ziele ausarbeiten und umsetzen. Sie/er soll Information filtern und langfristig eine wichtige Schlüsselfigur im Geschäftsalltag spielen. Kommunizieren Sie klar Ihre Erwartungen und passen Sie diese bei Bedarf etwas den lokalen Gegebenheiten an. Und wenn Sie noch so viel Druck ausüben, werden Sie nie die Effizienz der Arbeitsweise einer Firma in Westeuropa erreichen. Nichtsdestotrotz sollten die Spielregeln klar definiert werden. Nehmen Sie Ihre Mitarbeiter/Partner mit in die Verantwortung, bringen Sie die Leute soweit, dass sie Ihre Entscheidungen und Ziele mittragen und mitgestalten. Das wird vielen fremd sein, da sehr viele nur „Dienst nach Vorschrift" gewohnt sind. Man fühlt sich oft nur für den eigenen Bereich zuständig, was automatisch dazu führt, dass der Blick über den Tellerrand abhandenkommt. Es überwiegt oft der Drang sich im Kollektiv zu verstecken. Das ist die mentale Erbschaft des Sozialismus in einer teils ländlich geprägten, egalitären Gesellschaft. Eigenständiges Agieren und Verantwortung zu übernehmen gehört gelernt. Und das ist eine große Herausforderung! Ein Problem zu erkennen und gleichzeitig eigenständig nach einer Lösung zu suchen ist auch eher selten. Viele trauen sich nicht ihre Bedenken auszusprechen oder gar zu widersprechen. Das ist in vielen rumänischen Firmen nicht erwünscht. Bauen Sie ein möglichst vertrauensvolles Verhältnis auf und seien Sie jederzeit mit Rat und Rückendeckung dabei. Die größte Herausforderung ist, loyale Mitarbeiter zu finden, auf die man langfristig bauen kann. Firmentreue ist nicht in der Grundhaltung rumänischer Mitarbeiter verankert. Für etwas mehr Geld wechselt man schnell das Lager.

Das hierarchische Denken ist im Lande sehr ausgeprägt. Der Chef ist der Chef, trifft alle Entscheidungen und hat das letzte Wort zu sagen. Es traut sich kaum ein Mitarbeiter dem Vorgesetzten zu widersprechen.

Die rumänische Sprache unterscheidet ganz klar zwischen Siezen und Duzen. Der Vorgesetzte wird selten geduzt. Man begrüßt sich mit einem Händedruck. Küsschen rechts und links (auch unter Männern) ist unter Bekannten und Freunden üblich. Der frühere Handkuss der Damen ist hierzulande auch so gut wie verschwunden. Es setzen sich immer mehr Frauen im Geschäftsalltag durch und werden als vollwertige Geschäftspartner anerkannt. Die Emanzipation hat auch hier Einzug gehalten. Die junge Generation wächst schon mit ganz anderen Wert- und Lebensvorstellungen auf.

> ▶ **Gut zu wissen** Sollten Sie jemals einen Blumenstrauß verschenken, immer eine ungerade Anzahl von Blumen bestellen. Blumensträuße in einer geraden Anzahl von Blumen werden nur zu Beerdigungen mitgebracht. Rumänen/innen sind sehr abergläubisch!

Sie sollten sich auch damit abfinden, dass eine **langfristige Planung** nicht gang und gäbe ist. Je höher der Druck, umso eher wird der Termin eingehalten. Stellen Sie klar, dass Termine keine Richtwerte sind, sondern unbedingt einzuhalten. Nicht-Einhaltung von Terminen sollte vorab begründet angekündigt werden – fordern Sie das ein. Das heißt noch lange nicht, dass es auch passieren wird! Sollte es dennoch zu Verspätungen kommen, schreiben Sie keine E-Mails, sondern greifen Sie lieber zum Telefon. Der Rumäne ist es gewohnt, unter Druck zu arbeiten. Viele haben 2–3 Handys, die dauernd klingeln (am Wochenende, im Urlaub…). Da hat jeder das Gefühl, fleißig zu arbeiten, gefragt und unverzichtbar zu sein. Quantität vor Qualität! Da bleibt die Effizienz oft auf der Strecke. Bei wichtigen Terminen würde ich sogar rechtzeitig nachfragen, ob der Zeitrahmen wirklich eingehalten wird. Rumänen packen meistens alles im letzten Augenblick an, auch dann, wenn der Terminplan großzügig festgelegt ist.

Je nach Tätigkeit wird Ihnen der eine oder andere **Behördengang** sicher nicht erspart bleiben. Da ist viel Geduld gefragt. Natürlich läuft mit einem entsprechenden Schmiergeld alles schneller. Es bleibt jedoch Ihnen überlassen, ob Sie die alten Strukturen unterstützen oder ob Sie einen wenn auch noch so kleinen aktiven Beitrag zur Korruptionsbekämpfung leisten wollen.

Die **Zahlungsmoral** im Land lässt ebenfalls zu wünschen übrig. Man sollte keine zu großzügigen Zahlungsziele vergeben. Bei größeren Summen ist eine Absicherung der Zahlung empfehlenswert. Rechnungen müssen nach wie vor auch postalisch versandt werden. Gerne wird die Unzuverlässigkeit der rumänischen Post als Entschuldigung und Ausrede der nicht geleisteten Zahlung missbraucht. Doppelt hält besser, senden Sie Rechnung auch per Mail zu – zumindest eine Ausrede weniger.

Die Regierung ist sehr erfinderisch in der Korruptionsbekämpfung. Daher werden Sie auf sehr bürokratische und äußerst umständliche Vorgehensweisen stoßen. Es kann auch passieren, dass für die Schaltung einer Anzeige vorab ein Dienstleistungsvertrag abgeschlossen werden muss! Nicht ärgern, nur wundern. Grundsätzlich ist die Korruptionsbekämpfung nur zu begrüßen. Unterstützen Sie das Land dabei, Geradlinigkeit gehört gelernt und das ist ein langer, steiniger Weg voller Niederlagen und kleiner Siege! Es herrscht ein wilder Kapitalismus mit noch immer tief sozialistischen Wurzeln.

9.2   Aktuelle Lage

Rumäniens Wirtschaft ist dienstleistungslastig. 46,8 % der Erwerbstätigen waren 2017 im Dienstleistungsbereich tätig, 25,5 % in der Landwirtschaft und 27,7 % in der Produktion (vgl. WKO – Länderprofil Rumänien, April 2018).

Die wichtigsten Wirtschaftszweige Rumäniens im Jahr 2017 waren Industrie (Bruttowertschöpfung von 26,7 %), Groß- und Einzelhandel, Verkehr, Gastgewerbe (Bruttowertschöpfung von 20,6 %) sowie öffentliche Dienstleistung, Bildung, Gesundheits- und Sozialwesen (Bruttowertschöpfung von 13 %, vgl. AHK Studie 2018).

Hauptzweige der Industrie sind: Elektromaschinenbau, Textilindustrie, Bergbau, Holzindustrie, chemische Industrie und Automobil-Zulieferindustrie.

76 % der Ausfuhren Rumäniens gingen 2017 in EU-Länder (Deutschland 30 %, Italien 15 % und Frankreich 9 %, Ungarn 6 %). Unter den Nicht-EU-Ländern sind Türkei und Russland die wichtigsten Handelspartner.

76 % der Einfuhren Rumäniens kamen 2017 aus Mitgliedstaaten der EU (Deutschland 26 %, Italien 13 % und Ungarn 10 %, Frankreich 7 %). Unter den Nicht-EU-Ländern zählen China, Türkei und Russland zu den wichtigen Handelspartnern (vgl. AHK Studie 2018).

Ein überdurchschnittlich starkes Wachstum (auch in den Krisenjahren) ist im **IT- Bereich** zu verzeichnen.

Die Wirtschaft entwickelte sich auch 2017 sehr positiv. Rumäniens Wachstum (BIP-Veränderung zum Vorjahr) lag 2015 bei 3,8 %, 2016 bei 4,8 % und 2017 bei 6,9 %. Somit ist Rumänien auch im Jahr 2017 das EU-Land mit der höchsten Wachstumssteigerung. Trotzdem liegt das BIP pro Kopf in Rumänien mit 9600 € noch immer weit hinter dem EU-Durchschnitt von 29.900 € (vgl. AHK Studie 2018).

Wachstumstreiber ist seit 2013 vor allem der Konsum. Die **Mehrwertsteuer** wurde im Januar 2016 von 24 % auf 20 % gesenkt, was den Konsum erneut deutlich ankurbelte. Der allgemein gute wirtschaftliche Trend, die anhaltend hohen Investitionen ausländischer Firmen und die bessere Umsetzung von großen Infrastrukturprojekten mit EU-Förderungen haben diese erfreuliche Entwicklung möglich gemacht.

2017 lag die Inflation bei 1,3 %, siehe auch Abb. 9.1.

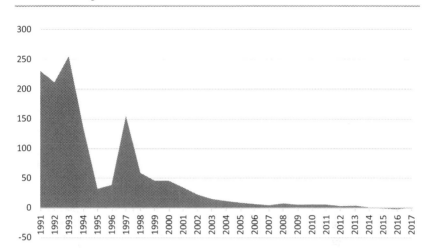

Abb. 9.1   Inflation in Rumänien seit 1992 in %. (Quelle: IWF 2017)

2010	6,1 %
2011	5,8 %
2012	3,3 %
2013	4 %
2014	1,1 %
2015	−0,6 %
2016	−1,5 %
2017	1,3 %

Die Währung liegt seit 2013 ziemlich stabil auf ca. 4,4 RON/EUR.

Der Leitzins liegt zurzeit bei einem historischen Tiefstand von 1,75 % (vgl. Auswärtiges Amt 2017).

Es ist weiterhin ein Wachstum zu erwarten.

Dringende Reformen stehen noch bei der **Privatisierung** von Staatsunternehmen an. Ebenfalls sehr schleppend gestaltet sich die **Rückerstattung der einst enteigneten** Güter. An dieser Stelle werden mit der Unwissenheit der Leute, dem Alter der enteigneten Generation und den absichtlichen Verkäufen dieser Eigentümer spekuliert. Trotz lückenlosem Eigentumsnachweis finden die Behörden immer wieder neue Gründe und bürokratische Hürden, um diese Vorgänge zu verzögern. Viele haben einfach aufgegeben.

9.3   Rumänien und Korruption

Das, übrigens auch von einer Mehrheit der Bevölkerung zugegebene, Haupt-
problem im täglichen Leben ist die Korruption und der Amtsmissbrauch. Korruption ist tief verwurzelt in der Kultur des rumänischen Volkes. Es ist noch gar nicht
so lange her, dass ohne Schmiergeld gar nichts ging. Das Schmiergeld wird nach
wie vor als normale strategische Lösung von Problemen betrachtet und „gelebt".
Kein Wunder, dass die rumänische Sprache auch eine beispiellose Vielfalt an
Ausdrücken (spaga, ciubuc, bacsis…) für dieses unvermeidliche Übel parat hat.

Als eines der jüngsten EU-Mitglieder befindet sich das Land 29 Jahre nach der
Revolution noch immer im Umbruch. **Korruption** und Rumänien sind eng ver-
knüpft. Im internationalen Korruptionswahrnehmungsindex von Transparency
International lag Rumänien 2017 auf Rang 59 (von 180 Ländern, vgl. Transparency
International 2017) und wurde bis 2012 stark kritisiert von der EU-Kommission.
Der Druck auf die Antikorruptionsbehörde DNA hat jedoch sichtbare Erfolge
gebracht. Nicht nur Lokalpolitiker sind ins Visier der Behörde geraten, ermittelt
wurde und wird auch gegen den damaligen Ministerpräsidenten, gegen ranghohe
Politiker, Angehörige der Justiz und Wirtschaftsbosse. Diese neue Erfahrung hat
in der Bevölkerung ein Bewusstsein geschaffen: Die Zeit ist gekommen, klare
Kampfansagen gegen die Korruption auf höchster politischen Ebene zu setzen! Mit
den dauerhaften Demonstrationen Anfang 2017 verhinderte das Volk vorerst die
geplante Milderung der „Betrugsuntergrenze".

9.4   Wichtige Wirtschaftszweige und
           Investitionschancen

Die rumänische **Industrie** war nach der Revolution 1989 in einem verheerenden
Zustand, jahrzehntelange Misswirtschaft und Diktatur haben tiefe Spuren hinter-
lassen. Große Fabriken wurden geschlossen, stark verkleinert oder privatisiert
(zugunsten einiger weniger). In vielen Industriezweigen vollzieht sich in den
letzten Jahren ein großer Strukturwandel. Langfristiges Ziel ist die Herstellung
von technisch anspruchsvolleren Produkten. Die Notwendigkeit der **Erweiterung
der Produktionskapazitäten** in sehr vielen Branchen wurde sowohl in der
Privatwirtschaft als auch auf Staatsebene erkannt. Die Privatwirtschaft ist zuver-
sichtlich, von der steigenden Kreditvergabe der Banken profitieren derzeit viele
Unternehmen. Die hohe Präsenz ausländischer Banken Österreichs, Italiens und
Griechenlands bestimmen den rumänischen Bankensektor maßgeblich.

Rumänien ist ein sehr attraktiver Markt mit rund 19,5 Mio. Einwohnern und einer sehr großen wirtschaftlichen Dynamik. Mittelfristig ist mit einer stark steigenden Inlandsnachfrage zu rechnen. Aufgrund der intensiven Außenhandelsaktivität ist Rumänien sehr von der Konjunktur seiner wichtigsten Exportmärkte Deutschland, Italien und Frankreich abhängig.

Die **KFZ-** und die **KFZ-Zulieferindustrie** ist einer der Schwerpunkte für die Entwicklung der modernen Industrielandschaft. Rumänische Kraftfahrzeuge sind mittlerweile wettbewerbsfähig und zukunftsträchtig. Eine positive Entwicklung verzeichnet auch der Schiffbau.

Die **Holzverarbeitungsindustrie** ist ein sehr wichtiger Wirtschaftszweig. Ca. 30 % des Landes ist von Wald bedeckt. Die Nachfrage für Billigholz auf dem internationalen Markt ist immens. Illegaler Holzschlag ohne Wiederaufforstung bedroht leider zunehmend den Waldbestand. Doch die Stimme des Volkes wird an dieser Stelle auch immer lauter, die Aufklärung zeigt Wirkung. Große ausländische Holzverarbeitungsfirmen, überwiegend aus Österreich, haben ein verstricktes System mit Beteiligten aus Politik, Verarbeiter und Förster gut unter Kontrolle und versuchen dieser neuen Entwicklung entgegen zu steuern.

Die **Möbelindustrie** hat sich sehr gut entwickelt, der Exportanteil wächst stetig. Exportiert wird jedoch an die großen Multis in der Möbelbrache und das überwiegend im unteren und mittleren Qualitätssegment. Weitere Informationen erhalten Sie vom Möbelverband sowie den verschiedenen regionalen Clustern der Holzverarbeitungsindustrie.

Möbelverband: http://www.industriamobilei.ro.

Klub Verein der rumänischen Möbelindustrie: www.acrm.ro.

Die **Textil- und Bekleidungsindustrie** ist hinsichtlich der großen Zahl der Beschäftigten und des großen Anteils am Export ein bedeutender Industriezweig, der sich ebenfalls den anspruchsvollen Textilsektor zum Ziel gesetzt hat. Dafür wurde das Nationale Forschungs- und Entwicklungsinstitut für Textilien und Leder gegründet: www.certex.ro.

Die bessere Nutzung des großen **landwirtschaftlichen Potenzials** des Landes ist eine der größten Herausforderungen und wird auch von der EU sehr stark unterstützt. 25 % der Erwerbstätigen waren zwar 2016 in der Landwirtschaft tätig, die Bruttowertschöpfung lag jedoch bei nur 4,3 % (vgl. WKO Länderprofil Rumänien 2018).

Landwirtschaftliche Produkte gehören zu den Exportschlagern hierzulande. Angebaut werden unter anderem Mais, Sonnenblumen, Weizen, Flachs und Obst. Rumänische Weine genießen in der Heimat immer mehr Bekanntheit und Beliebtheit und erfreuen sich vieler Auszeichnungen.

Die **IT-Branche** gehört zu den Wirtschaftssektoren, die sich in den letzten Jahrzehnten überdurchschnittlich gut entwickelt hat. Grund dafür ist auch die Befreiung des IT-Sektors (erst nur die Softwareentwickler, später die Erweiterung auf weitere Berufe im IT-Sektor) von der Einkommenssteuer (derzeit 10 %) sowie staatliche Zuschüsse zur Förderung der Forschungs- und Entwicklungsaktivitäten. Gut über die Hälfte des Umsatzes im IT-Sektor werden in Bukarest erwirtschaftet, gefolgt von Cluj. Entsprechend groß ist der Wettbewerb um die Fachkräfte. Die Branche insgesamt verfügt über eine sehr gute Ausgangsposition, um in diesem zukunftsträchtigen Wirtschaftszweig einen bedeutsamen Platz in Europa einzunehmen. Einen sehr ausführlichen Bericht über den IT-Sektor in Rumänien finden Sie unter: http://rumaenien.Iahk.de/fileadmin/ahk_rumaenien/Dokumente/IB/Broschuere_IT.PDF.

Rumänien ist sehr reich an **Bodenschätzen,** unter anderem Erdöl, Erdgas, Steinkohle. Zu den traditionell dominierenden Industriezweigen gehören dementsprechend auch die Metallurgie, Bergbau, Petrochemie, die Ölindustrie und die chemische und pharmazeutische Industrie. Auch in diesen Industriezweigen vollzieht sich seit vielen Jahren ein Strukturwandel.

Rumäniens krisengebeutelte **Bauwirtschaft** hofft auf einen deutlichen Aufschwung. Das Land hat noch viel Nachholbedarf, der zusätzlich von einem akuten Arbeitskräftemangel stark gebremst wird. Die schnelle Expansion des IT-Sektors und in der Forschung und Entwicklung begünstigt aktuell die Konjunktur im Bürobau, vor allem in Bukarest, Cluj, Iasi, Timisoara und Brasov.

Ein Großteil des Gebäudebestandes stammt noch aus den kommunistischen Zeiten und wurde mit einem sehr niedrigen Standard gebaut. Hier ist der Sanierungsbedarf sehr hoch. Energetische Sanierung, Asbestbeseitigung, Feuerschutz spielen dabei eine große Rolle. Zahlreiche deutsche und österreichische Bauunternehmen sind in Rumänien ansässig und werden für die Qualität der Arbeit und Zuverlässigkeit in puncto Fristen (so die lokalen Gegebenheiten es zulassen) sehr geschätzt. Die wirklich großen Bauprojekte werden meistens an ausländische Firmen vergeben. Der bessere Finanzierungszugang sowie die Erfahrung in der Abwicklung von Großprojekten sprechen dafür. Lokale rumänische Firmen und Architekturbüros werden wegen ihrer Kenntnisse im Bereich der Bauvorschriften und behördlichen Erledigungen herangezogen.

Bauaktivitäten und vor allem die mit EU-Fördermittel verbundene **Infrastrukturinvestitionen** werden forciert. Die Fördermittelperiode 2014–2020 der EU spielt dabei eine sehr große Rolle.

Die größte Messe im Bausektor ist die Construct Expo in Bukarest: http://www.constructexpo.ro.

ARACO ist der Bauunternehmerverband: http://www.araco.org/.

Öffentliche Ausschreibungen aus dem Bauwesen finden Sie unter: www.lici-tatiiconstructii.ro. Darüber hinaus gibt es eine Vielzahl an Plattformen über Ausschreibungen im gesamten Bauwesen.

GTAI informiert zu aktuellen geberfinanzierten Projekten unter: http://gtai.de sowie zu EU – Binnenmarktausschreibungen unter: http://gtai-EU-Ausschreibungen.de.

Eine ausführliche Studie über „Nachhaltiges Bauen und Restaurieren in Rumänien" wurde 2017 vom Bundesministerium für Wirtschaft und Energie in Zusammenarbeit mit der Deutsch-Rumänischen Industrie und Handelsammer erstellt und kann angefordert werden.

Der Ausbau der **Infrastruktur** ist eines der großen Versäumnisse der letzten 29 Jahren. Das Land hat es in der Zeit auf sage und schreibe 750 km Autobahn geschafft. Die schwach ausgebaute Infrastruktur bremst die Wirtschaft und den Tourismus zugleich. Geplant ist der weitere Ausbau des **Autobahnnetzes** landesweit. Informationen finden Sie unter: http://cnadnr.ro.

Die **U-Bahnlinien** 5, 6 und 7 in Bukarest werden laufend erweitert (http://metrorex.ro).

Die veralteten **Bahnlinien** bieten ebenfalls große Investitionschancen: http://cfr.ro.

Ein neuer **Flughafen** in Brasov (Kronstadt) ist auch schon seit Jahrzehnten ein immer wiederkehrendes Projekt, dessen Zukunft noch immer offen ist.

Ein sehr großer Bedarf an Modernisierung besteht nach wie vor im **Umweltsektor,** vor allem in der **Abfallwirtschaft** und der **Trinkwasserversorgung.** Hier sind Technologie und Know-how für die vielen EU-geförderten Projekten sehr gefragt. Bei Wasser/Abwasser fördert die EU bis 2020 Projekte in Milliardenhöhe. Dadurch sollen die meisten Kommunen über eine Wasserversorgung und eine Kanalisation verfügen, die den europäischen Normen entsprechen. Fließendes Wasser ist im ländlichen Raum 2018 noch immer keine Selbstverständlichkeit.

Die Modernisierung und der Ausbau der **Stromübertragungsnetze** wird ebenfalls landesweit vorangetrieben: http://transelectrica.ro.

BRUA – der Bau der **Gaspipeline** Bulgarien – Rumänien – Ungarn – Österreich ist eine der Großbaustellen des Landes, die sich über 11 Kreise des Landes streckt: http://new.transgaz.ro.

Rumänien hat sehr hohe Reserven an Erdgas, der Import aus Russland ist eher gering. Das Ziel der Regierung ist eine 100 %-ige Unabhängigkeit. Auch wurde und wird auf Druck der EU viel in **erneuerbare Energie** investiert. Diese Projekte stocken ebenfalls, Grund dafür ist die fehlende Sensibilisierung der Bevölkerung sowie die laufende Marktliberalisierung. Förderungen wurden in den letzten Jahren sehr stark gekürzt, trotzdem glaube ich, dass in diesem Bereich in den nächsten Jahrzehnten viel umgesetzt werden wird. Einmal mehr ist an der Stelle erneut Projektmanagement und Beratung gefragt.

Beratung – ein gutes Stichwort! Viele haben sehr wohl den Bedarf an Wissen, die fehlende Erfahrung in der Abwicklung von Projekten erkannt, kaum jemand ist aber bereit für eine professionelle Beratung Geld in die Hand zu nehmen, nach dem Motto „Das bisschen Blabla kann doch kein Geld kosten!" Hier ist auch ein langsames Umdenken im Gange. Immer mehr talentierte, erfahrene Manager wagen den mutigen steinigen Weg der Selbstständigkeit als Coach/Unternehmensberater, die firmeninterne Abläufe analysieren und optimieren, gemeinsam Lösungen ausarbeiten, diese Prozesse mit begleiten, Personal schulen.

Tourismus/Fremdenverkehr Chancen gibt es im Ausbau des Bädertourismus, der Wintersportgebiete, des Golf- und Campingtourismus. Einen spürbaren Aufschwung im Tourismus (vorwiegend Touristen aus dem Ausland) wird es jedoch erst nach „Fertigstellung" einer adäquaten Infrastruktur geben. Wenn Campingplätze eines Tages westliches Niveau erreicht haben, werden sie viele Wohnmobiltouristen in das schöne ursprüngliche Land locken. Investitionen im Tourismus sind eher mittel- bis langfristig zu planen. Folgende Verbände/Organisationen könnten die richtige Anlaufstelle werden:

Verein der Tourismusagenturen ANAT http://www.anat.ro/
    Föderation der Hotellerie in Rumänien – FIHR
    Arbeitgeber-Verband des rumänischen Tourismus FPTR http://www.fptr.ro
    Der Arbeitgeberverband der rumänischen Hotellerie und Gastronomie HORA
http://www.horaromania.org/

Im **Gesundheitssystem** hakt es an allen Ecken und Enden, die Krankenhäuser sind in einem desolaten Zustand, Ärzte verlassen das Land, das Gesundheitswesen droht zusammenzubrechen. Krankenhauspersonal ist sehr schlecht bezahlt, ohne ein entsprechendes Schmiergeld geht gar nichts. Kaum ein EU-Land investiert weniger in sein Gesundheitssystem als Rumänien. Die Folgen zeigen sich insbesondere bei den älteren Patienten. Einen großen Bedarf gibt es für Alters- und Kinderheime. Teure Privatkliniken verzeichnen zwar einen großen Zulauf, sind für viele Bürger jedoch nicht leistbar.

Kommunalwirtschaft Die Modernisierung und Entwicklung der kommunalen Infrastruktur mit Schwerpunkt Wasser, Abwasser, Abfall, Umwelttechnik, Straßen und urbane Mobilität ist ein großes Ziel der Regierung für die aktuelle EU-Finanzierungsperiode 2014–2020. Sowohl die österreichische als auch die deutsche Wirtschaftskammer bieten laufend Veranstaltungen und Reisen an.

9.5 Messen

Nach Ausbruch der Wirtschaftskrise 2008 haben Messen in Rumänien rasant an Bedeutung verloren. Viele Messen wurden zusammengelegt, um diese irgendwie noch am Leben zu erhalten. Langsam erholen sich die Messen, sind aber bei weitem nicht mehr das, was sie vor 2008 waren. Dieses Phänomen findet man in ganz Südosteuropa wieder. Jeder, der etwas Neues sehen will und es sich leisten kann, besucht die großen internationalen Messen in Westeuropa, überwiegend in Deutschland.

Die wichtigsten Messen des Landes werden in Bukarest im Messezentrum Romexpo organisiert.

Weiter Messezentren gibt es in Cluj-Napoca, Brasov, Arad und Bacau. Darüber hinaus gibt es eine Vielzahl von lokalen Messen in vielen Städten des Landes.

9.6 Förderungen

Rumänien weist die schwächste Ausnutzung von Fördergeldern in der EU auf. Der Grund dafür ist die mangelhafte Koordination und Abwicklung der EU-Förderprogramme. Das wiederum beruht auf zu wenig Erfahrung, mangelnder Effizienz und Transparenz bei großen Projektabwicklungen.

Im Rahmen der Struktur- und Investitionsfonds kann Rumänien in der EU-Förderperiode 2014–2020 auf 23 Mrd. € Fördergelder zurückgreifen (vgl. GTAI Germany Trade and Invest 2017).

Wirtschaftsförderprogramme gibt es in sehr vielen Bereichen auf europäischer, nationaler und regionaler Ebene. Im Partnerschaftsabkommen mit der EU wurden die wichtigsten Ziele des Förderprogramms wie folgt definiert:

- Förderung der Wettbewerbsfähigkeit (der KMUs, Agrarsektor, Fischerei, Aquakultursektor) und die lokale Entwicklung (die Region Bukarest-Ilfov wird weniger Förderungen erhalten, es werden die wirtschaftlich schwächeren Regionen mit einer hohen Arbeitslosenquote – z. B. Planungsregion Süd, Südost, Nordost – bevorzugt)
- Gezielte Qualifikation von Arbeitskräfte im Hinblick auf die Entwicklung des Arbeitsmarktes in den verschiedenen Regionen
- Entwicklung der Infrastruktur: Verkehr sowie Informations- und Kommunikationstechnik
- Förderung der nachhaltigen und energieeffizienten Ressourcennutzung
- Aufbau einer effizienten öffentlichen Verwaltung

Details zu den Förderprogrammen der EU (2014-20120) und auf nationaler Ebene finden Sie unter: http://www.fonduri-ue.ro/po.

Besonders gefördert werden auch KMUs beim Bau, Umbau oder Modernisierung von Büros oder Produktionsstätten, Anschaffungen für Büro und technische Mittel, Marketing, Zertifizierung von Produkten, usw. Diese und viele andere regionale Projekte werden über die Regionalförderprogramme verwaltet: http://www.inforegio.ro/ro/por-2014-2020.html.

Das Förderprogramm der öffentlichen Verwaltung finden Sie hier: http://poca.ro/.

Das nationale Programm für die ländliche Entwicklung finden Sie unter http://www.pndr.ro/ oder auf der Homepage des Landwirtschaftsministeriums: http://www.madr.ro/.

Informationen über die Fischerei und maritime Angelegenheiten finden Sie anbei: http://www.ampeste.ro/.

Firmengründung – die wichtigsten Gesellschaftsformen

10

In Rumänien sind alle gängigen Gesellschaftsformen vorhanden. Für viele westeuropäische Geschäftsleute stellt sich gleich am Anfang die Frage, ob eine eigene Gesellschaft oder lieber eine Zusammenarbeit mit einem lokalen Partner bevorzugt werden soll. Dazu gibt es keine allgemein richtige oder falsche Antwort. Die eigene Niederlassung ist sicher der teuerste Weg, aber meistens auch Ihr bester „Partner" in Rumänien und Sie haben den größten Einfluss in der Geschäftsentwicklung. Bevor Sie eine Niederlassung gründen, könnten Sie vorerst Ihre Tätigkeit mit einem eigenen Mitarbeiter starten, der in der Firma in Deutschland/Österreich angestellt wird, jedoch nach rumänischem Arbeitsrecht. EU sei Dank ist das möglich. Selbst Schweizer Firmen können EU-Bürger (die nicht in der Schweiz ansässig sind) in der Schweiz anstellen. Die Lohnabwicklung und die damit verbundenen Abgaben (Sozialversicherung, Krankenkasse, etc.) werden über einen lokalen Steuerberater (consultant fiscal) abgewickelt.

Grundsätzlich gibt es in Rumänien verschiedene Rechtsformen zur Unternehmensgründung. Relevant für den Start der Aktivitäten sind Einzelunternehmen und GmbHs.

PFA (Persona fizica autorizata, autorisierte physische Person) und **II** (Intreprindere individuala, Einzelunternehmen) sind die günstigsten Formen von Unternehmen in Rumänien, schnell und unkompliziert von einer Einzelperson zu gründen, aber auch im Falle von Erfolglosigkeit schnell wieder aufzulösen. Der Ehepartner kann nach der Gründung auch mit eingetragen werden. Für beide Arten von Unternehmen ist eine Steuerregistrierung erforderlich. Die Buchhaltungsführung ist unkompliziert, kann auch selber vorgenommen werden. PFA und II können nur für Tätigkeitsbereiche angemeldet werden, für die man qualifiziert ist. Die verschiedenen Tätigkeitsbereiche werden vom **ANAF** (Agentia Nationala de Administrare Fiscala) www.anaf.ro (Nationale Agentur für Steuerverwaltung)

© Springer Fachmedien Wiesbaden GmbH, ein Teil von Springer Nature 2019
E. Bucs und H. Brenner, *Rumänien im Geschäftsalltag,* essentials,
https://doi.org/10.1007/978-3-658-24503-0_10

unter dem Namen „**cod CAEN**" zusammengefasst. Mehr dazu unter: http://www.
coduri-caen.com/.
Die Anmeldung erfolgt beim Handelsregisteramt: https://www.onrc.ro.
Die großen Nachteile dieser Unternehmensformen sind die relativ hohe
Gewinnsteuer (zwischen 30 und 42 %) und die Inflexibilität in der Auswahl des
Tätigkeitsbereiches. Der wesentliche Unterschied zwischen PFA und II sind:

	PFA	II
Anzahl Angestellte	Maximal 3	Maximal 8
Anzahl Tätigkeitsbereiche Cod CAEN	Maximal 5	Maximal 10

Die gängigste Gesellschaftsform ist die **GmbH,** rumänisch **S.R.L** (Societate
cu responsabilitate limitata). Eine GmbH ist ebenfalls sehr schnell mit einem
Mindestkapital von derzeit 200 RON (knapp 50 €) gegründet. Die gängigsten
Arten der GmbHs sind: **SRL** (Societate cu responsabilitate limitata) und **SRL-D**
(Societate cu responsabilitate limitata – debutant), die zweite ist eher weniger von
Bedeutung, da sie teurer ist und viele Einschränkungen aufweist. Die Anzahl der
Gesellschafter beschränkt sich auf 50, Gründer einer GmbH können ausländische
und inländische natürliche und juristische Personen sein.
Die grobe Übersicht der Vor- und Nachteile zwischen einem Einzelunternehmen und einer GmbH in Tab. 10.1 soll zur besseren Orientierung dienen, auf
keinem Fall aber eine gründliche Beratung ersetzen!
Die niedrigen Steuersätze und Löhne verleiten schnell zur Gründung einer
eigenen Gesellschaft. Spürbar sind in den letzten Jahren jedoch die langsam
steigenden Lohnkosten. Auf jeden Fall sollten Sie gemeinsam mit einem Steuerberater die Vor- und Nachteile der verschiedenen Unternehmensformen analysieren. Gute Empfehlungen in der richtigen Auswahl eines deutschsprechenden
Steuerberaters bietet die AHK, CEE und WKO.
**Aufgrund der Komplexität dieses Themas und der sich laufend ändern-
den Bestimmungen und Gesetze, ist es nicht möglich dieses Thema im Detail
zu beleuchten. Selbst erfahrene Steuerberater haben viel Mühe sich auf dem
Laufenden zu halten.**

Tab. 10.1 Übersicht der Vor- und Nachteile zwischen einem Einzelunternehmen und einer GmbH

	Vorteil	Nachteil
PFA/II	Geeignet für den Start der Aktivität, für eine Marksondierung, für Newcomer	
PFA/II	Schnell gegründet, schnell auch aufgelöst	
SRL/SRL-D	Schnell gegründet	Langwierig beim Auflösen
PFA/II		Inflexibel in der Auswahl der Tätigkeit
SRL/SRL-D	Flexibel in der Auswahl der Tätigkeit	
PFA/II	Einfache Buchhaltung (auch selber machbar)	
SRL/SRL-D		Bürokratische, aufwendige Buchhaltungsführung (nur mithilfe eines Buchhalters)
PFA/II	Leichter Zugang zum Kapital	
SRL/SRL-D		Bürokratischer Zugang zum Kapital & Dividendensteuern
PFA/II		Hohe Abgaben/Steuern
SRL/SRL-D	Niedrige Abgaben/Steuern	

Quelle: Approd (2018)

Erfahrungen aus erster Hand

Nachfolgende zwei Fragen habe ich Geschäftsleuten aus Rumänien, aber auch aus Deutschland und Österreich gestellt, die seit Jahren in Rumänien tätig sind und langjährige Berufserfahrung mitbringen:

- Wie würden Sie die rumänische Geschäftsfrau/den Geschäftsmann eines KMUs in Rumänien kurz beschreiben?
- Mit welchen großen Herausforderungen wird der westeuropäische Unternehmer/ Unternehmerin vor Ort konfrontiert? Haben Sie auch einen Lösungsvorschlag?

Geschäftsführer und Inhaber eines österreichischen Landmaschinen-Händlers mit eigener Niederlassung in Rumänien seit 2005
„Grundsätzlich ist mir wichtig vorauszuschicken, dass man aus Erfahrungen mit einer beschränkten Anzahl von einzelnen Personen noch keine generellen Ansichten über eine Gruppe von Menschen oder gar über „die Rumänen" ableiten kann. Sieht man es aber als vorsichtige Zusammenfassung von Erfahrungen und teilt dies auch als seine Ansicht so mit, so kann man durchaus über die entdeckten „Besonderheiten" und Eigenschaften berichten.

Ich habe meine Erfahrungen im Bereich Landtechnik gemacht und da ist es mir wichtig zunächst einmal anzumerken, dass man in Rumänien nicht nur rumänische Geschäftspartner trifft, sondern zu einem guten Teil auch auf Geschäftsleute mit Auslandshintergrund – eigentümergeführt oder auch durch Geschäftsführer repräsentiert. Dies betrifft sowohl den Handel als auch die Farmen selbst.

Mit dem Engagement ausländischer Investoren – getrieben durch die Förderungspolitik der EU – schreitet nicht nur die Mechanisierung der Betriebe in großen Schritten voran, sondern auch die Entwicklung ihrer organisatorischen Strukturen.

© Springer Fachmedien Wiesbaden GmbH, ein Teil von Springer Nature 2019
E. Bucs und H. Brenner, *Rumänien im Geschäftsalltag,* essentials,
https://doi.org/10.1007/978-3-658-24503-0_11

Und damit einhergehend wird ein Wandel in der Arbeitseinstellung der Bevölkerung quasi „erzwungen". Produktivität, Auslastung, Flexibilität in der Arbeitszeit sind auf einmal Begriffe, die man vor vielen Jahren kaum gehört hat. Die Angestellten in den straff geführten Betrieben verdienen besser, haben aber auch mehr Stress. Trotz allem lässt sich der normale rumänische Angestellte noch nicht auf die letzte Produktivitätsstufe treiben – und vielleicht ist das auch gut so. Rumänien ist noch nicht ganz im Westen angekommen, aber auf „Schiene".

Natürlich aber gibt es in Rumänien noch riesige Unterschiede bei Angestellten und Geschäftspartnern bzw. Kunden. Hier muss man sich auf alles einstellen. Vom einfachen „paznic" (Wächter) mit € 400 Brutto Mindestverdienst, bis zum super intelligenten, in mehreren Sprachen und im IT-Bereich ausgebildeten Uni-absolventen, der auch noch „westlich" denkt und durchaus schon hohe Ansprüche an seinen Verdienst stellt, findet man alles. Die Lohnentwicklung schreitet rasant voran und sehr bald werden die Lohnkosten eine Höhe erreichen, bei der sich auch der rumänische Unternehmer kaum mehr „unproduktive" Mitarbeiter oder Leerlauf leisten wird können. Dies wird für alle Beteiligten durchaus heraus-fordernd werden.

Genau so groß sind die Unterschiede bei den rumänischen Kunden und Geschäftspartnern. Man macht Geschäfte mit nicht kalkulierenden PF (persoana fizica – physische Person), PFAs (persoana fizica autorizata – Einzelunter-nehmen) oder Unternehmen, die investieren wollen, aber kaum können, und auch mit „Superunternehmer"-Typen oder professionellen Unternehmen, die in ihrem Bereich mehr verdienen als ein Unternehmer in Österreich oder Deutschland. Viel mehr als dort findet man noch den Typ des Selfmade-Unternehmers, der seine Arbeit mit viel Elan und Durchsetzungsvermögen (manchmal auch an der Grenze zur Frivolität oder Rücksichtslosigkeit) verrichtet. Das Land ist immer noch in der Übergangsphase vom Kommunismus zur Marktwirtschaft im westlichem Sinne und da sind für den Einzelnen große Vermögen schaffbar.

Verallgemeinernd habe ich den Eindruck, dass die Art, wie Unternehmer aus dem Süden agieren, sehr viel spontaner, lockerer, vielleicht auch etwas unvernünftiger, selbstbewusster, auf Prestige Wert legender ist, als diesseits der Karpaten. Sie lassen sich auch kaum etwas einreden, wissen selbst, was sie wollen. Die Gespräche beim Einkaufen sind meist kurz und gehen weniger ins Detail.

Berücksichtigen sollte ein nicht rumänisch-stämmiger Unternehmer bei sei-nen Aktivitäten in Rumänien, dass viele Dinge sehr viel komplizierter sind als in Österreich oder Deutschland. Für alles und jedes muss ein Vertrag gemacht werden, jede Lohnerhöhung muss per „Act additional" dokumentiert werden, regelmäßige Gesunden-Untersuchungen, eine genaue Jobbeschreibung in Form einer „Fisa postului" sind Pflicht. Mitarbeiter, die nichts taugen, können Sie nicht ohne weiteres loswerden. Zahlungsverpflichtungen bzw. Termine werden nicht so ernst genommen. Gerichtsverfahren dauern ewig. Vollstrecker stecken unter Umständen mit dem Schuldner unter einer Decke.

Und gleichzeitig gibt es aber unter der normalen Bevölkerung im Westen eine gewisse Autoritätsgläubigkeit vor Finanz und Polizei. Die Null-Promille beim Fahren werden wirklich eingehalten. Der normale Rumäne (ich habe hierzu allerdings lediglich im Westen intensivere Erfahrungen gesammelt) ist anständig und durchaus arbeitsam. Jeder Mitarbeiter ist bereit mehr als 8 h am Tag zu arbeiten, teilweise sogar sehr viel mehr. Aber es gibt auch andere. Auf die Zigeuner sind die Rumänen angesichts ihrer silbernen Paläste in vielen Regionen – gut und protzend sichtbar – nicht gut zu sprechen, bekommen sie doch viele Dinge vom Staat geschenkt, für die der normale Rumäne zahlen muss.

Abschließend darf ich sagen, dass Erfolg oder Misserfolg einer Aktivität – wie anderswo auch – maßgeblich von den ersten Personen abhängt, die man dort findet und vom Coaching, welches man ihnen zukommen lässt. Auf die Auswahl dieser Personen sollte man besonderen Wert legen. Gutes Controlling, Motivation und Respekt ihnen gegenüber sind weitere Erfolgsfaktoren".

Clemens M., Geschäftsführer eines deutschen Bauzulieferers
„Selbst größere rumänische Privatunternehmen sind für westliche Verhältnisse oft sehr hierarchisch aufgestellt. Üblicherweise sind sie inhabergeführt, nicht selten besetzen Familienmitglieder oder ehemalige Kollegen, etwa vom Militär oder aus dem öffentlichen Sektor, die nachgeordneten Leitungsfunktionen. Die kurzen Entscheidungswege solcher Organisationen können durch die fehlende fachliche Qualifikation des Managements gehemmt werden. Auftretende Fehler werden kaschiert oder die Verantwortung für interne Probleme fremden Dritten, wie z. B. dem Lieferanten, zugeschrieben. Fehler werden aus Angst vor dem Inhaber oft nicht berichtet oder verfälscht dargestellt. Da das Management nicht gelernt hat, eigene Entscheidungen zu treffen, arbeitet es wenig lösungsorientiert und kann damit zum Teil des Problems werden. Rumänische Geschäftsleute sehen sich als „self-made men", die auch kleinste Entscheidungen selber treffen wollen. Sie delegieren ihre Verantwortung selten an ihre Mitarbeiter. Stark wachsende Unternehmen, die ihren eigenen Erfolg managen müssen, können dadurch in schwierige Situationen geraten.

Westeuropäische Unternehmen sehen sich auch heute noch mit osteuropäischen Führungskulturen konfrontiert, auf die sie reagieren müssen. Dem Wunsch, in Teams aus Fachbereichen beider Firmen zu arbeiten, kann oft nicht entsprochen werden oder es sind immer dieselben Akteure, die mit am Tisch sitzen, die zwar über die richtige Position, nicht aber über die nötige Qualifikation verfügen.

Entscheidungen werden in rumänischen Unternehmen von Eigentümern gefällt und auch ein Abschlussgespräch kann nach bester Vorbereitung plötzlich noch emotional werden. Dabei gebietet es dann oft der Stolz, ein einmal gesprochenes Wort nicht mehr zurücknehmen zu können. Hier sind Einfühlungsvermögen und Verhandlungsgeschick erforderlich, um wichtige Termine zielgerichtet moderieren zu können. Anbieter, die oft nur ihr Produkt verkaufen möchten, sind gut beraten, sich die Prozesse beim Kunden anzusehen. Stellt man fest, dass es Fehlerquellen gibt, die später auf das eigene Produkt zurück geführt werden könnten, sollte man den Verantwortlichen Hilfe bei der Verbesserung anbieten, ohne sie bei Mitarbeitern oder Vorgesetzten bloßzustellen. Westliche Partner sollten das Hierarchiedenken in Rumänien respektieren und ihren dortigen Kunden auf sämtlichen Ebenen immer die richtige Aufmerksamkeit schenken".

Hunor Pallo, Ungar, geboren und wohnhaft in Rumänien, hat 20 Jahre im Vertrieb gearbeitet und sich auf Team Building und Human Resources-Beratung spezialisiert

„Grundsätzlich teile ich die/den rumänische(n) Geschäftsfrau/Geschäftsmann in zwei Kategorien: Die einen, die keine fundierte Ausbildung haben, jedoch mutig und sehr fleißig sind, dem gesunden Verstand vertrauen und folgen, sich das Wissen aufgrund der Erfahrung angeeignet haben. Deren Geschäfte haben sich blendend entwickelt, weil sie die Möglichkeiten und Chance erkannt und sofort ergriffen haben. Das sind die Opportunisten, die schnell Zusagen tätigen oder gar Verpflichtungen eingehen, jedoch genauso schnell einen Rückzieher machen.

Die zweite Kategorie sind Geschäftsleute mit einer fundierten Ausbildung und langjähriger Erfahrung in multinationalen Firmen. Deren Geschäftsstil ist viel geordneter, sie planen langfristiger und bauen sukzessive auf.

Allgemein gesehen ist der/die rumänische Geschäftsmann/Geschäftsfrau sehr anpassungsfähig (man könnte es auch flexibel nennen), da dies die sich ständig ändernden Gesetzte und Umstände erfordern.

Es gibt auch eine nicht unwesentliche dritte Kategorie der Opportunisten, sie sind nicht weiß und nicht schwarz, schwimmen immer nur mit".

Dorin Noge, Geschäftsmann in Rumänien

„Meine Aussagen beruhen auf Erfahrungen überwiegend in der Privatwirtschaft in KMUs.

Der/die rumänische(r) Geschäftsmann/-frau ist eine Person, die in ihrer täglichen Arbeit mit neuen Herausforderungen konfrontiert werden möchte. Er/sie ist bereit, sehr viel Zeit und Energie für den Erfolg zu opfern. Eine besondere Fähigkeit ist das Anpassungsvermögen an die schnellen Veränderungen in der Gesetzgebung, der Technologie und der wirtschaftlichen Gewohnheiten ausländischer Geschäftspartner. Er/Sie ist äußerst erfinderisch und lösungsorientiert, wenn es darum geht, ein Problem im Geschäftsalltag zu beseitigen.

Eine große Herausforderung für einen Geschäftsmann aus Westeuropa sind die großen regionalen Unterschiede in puncto Bildung und Verhalten. Signifikant ist auch der Unterschied in der Infrastruktur zwischen Stadt und Land, was wiederum stark unterschiedliche Tätigkeitsgebiete vorfinden lässt. Gesetze, Steuern, das bürokratische Verhalten, die Technologie, u. v. m. – das alles verändert sich in Rumänien sehr schnell und viel zu oft. Eine professionelle rechtliche Beratung im Interessensgebiet ist unverzichtbar. Genauso wichtig ist die Wahl der richtigen Kontaktperson vor Ort, die viel Erfahrung und ein gutes Netzwerk im gewünschten Gebiet mitbringt. Und zu guter Letzt ist viel Geduld und Ausdauer für das Erkennen der lokalen Besonderheiten und der neuen Chancen notwendig".

Fazit

12

Rumänien ist mit Abstand Europas dynamischste Volkswirtschaft. Bukarest hat sich in den letzten Jahren rasant verändert und ist heute eine moderne europäische Metropole mit vielen Gegensätzen. Neben der Hauptstadt bieten weitere Städte interessante Wirtschafts- und Investitionsstandorte. Die aktuelle positive Entwicklung ist kein ausschließlich rumänisches Phänomen. Der Aufschwung hat den gesamten südosteuropäischen Raum erfasst. Die verhältnismäßig noch niedrigen Löhne (im Vergleich zur Eurozone), die niedrigen Steuersätze und das vielerorts gute Bildungsniveau (insbesondere im IT- und Kommunikationsbereich) haben viele Investoren aus dem deutschsprachigen Raum davon überzeugt, wichtige Investitionen in Rumänien zu tätigen. Die Wirtschaftsprognosen sind positiv, die steigende Konsumbereitschaft hält an. Die EU-Förderprogramme sowie die Konjunkturprogramme der Regierung beflügeln die Wirtschaft weiterhin. Ein stark EU-orientierter Außenhandel bleibt im Aufwärtstrend. Deutschland ist und bleibt wahrscheinlich der wichtigste Handelspartner Rumäniens.

Dringend erforderlich sind Reformen zur Erhöhung der Wettbewerbsfähigkeit.

Besorgniserregend ist die politische Entwicklung im Land. Statt Korruptionsbekämpfung versucht die Regierung die Kompetenzen der Antikorruptionsbehörde (DNA) zu beschneiden. Das könnte ausländische Investoren abschrecken.

Die vielen Konjunkturprogramme (selbst im aktuellen Boom) verschulden das Land immer mehr. Ökonomen warnen vor den späteren Konsequenzen.

Mit 20 Mio. Einwohnern ist das EU-Land ein großer Markt und weiterhin für Investoren attraktiv, die sich für Rumänien als Absatzmarkt (von Waren oder Dienstleistungen) und Produktionsstandort interessieren.

© Springer Fachmedien Wiesbaden GmbH, ein Teil von Springer Nature 2019
E. Bucs und H. Brenner, *Rumänien im Geschäftsalltag,* essentials,
https://doi.org/10.1007/978-3-658-24503-0_12

In der Hoffnung einen kleinen Beitrag zu Ihrem Erfolg geleistet zu haben, wünsche ich Ihnen „BAFTA" (viel Glück)!

Über Ihre Rückmeldungen oder Fragen freue ich mich.

Enikö Bucs

enikoe_bucs@yahoo.de

Was Sie aus diesem *essential* mitnehmen können

- Praxiserfahrung
- Tipps und Chancen
- Herausforderungen im geschäftlichen Alltag

© Springer Fachmedien Wiesbaden GmbH, ein Teil von Springer Nature 2019   51
E. Bucs und H. Brenner, *Rumänien im Geschäftsalltag,* essentials,
https://doi.org/10.1007/978-3-658-24503-0

Literatur

Auswärtiges Amt (2017): Länderinformation Rumänien – Wirtschaft. https://www.auswaertiges-amt.de/de/aussenpolitik/laender/rumaenien-node/wirtschaft/210824#content_0

Deutsch-Rumänische Industrie und Handelskammer AHK (2017): Arbeitsrecht in Rumänien. http://rumaenien.ahk.de/fileadmin/ahk_rumaenien/Dokumente/Merkblaetter/Arbeitsrecht_2017.pdf

Deutsch-Rumänische Industrie und Handelskammer AHK (2018): Wachstumsmarkt Rumänien (Jahresbericht 2017): https://rumaenien.ahk.de/fileadmin/ahk_rumaenien/Publicatii/Brochure_AHK_2018.pdf

Deutsch-Rumänische Industrie und Handelskammer AHK (2017): IT-Broschüre http://rumaenien.ahk.de/fileadmin/ahk_rumaenien/Dokumente/IB/Broschuere_IT.PDF

© Europäische Union, 1995–2018 – Leben in der EU: https://europa.eu/european-union/about-eu/figures/living_de#tab-0-1

© Europäische Union, 1995–2018 – Population on 1 January – persons: http://ec.europa.eu/eurostat/tgm/table.do?tab=table&plugin=1&language=en&pcode=tps00001

© Europäische Union, 1995–2018 Foreign languages learnt per pupil: http://ec.europa.eu/eurostat/tgm/refreshTableAction.do?tab=table&plugin=1&pcode=tps00056&language=en

Nationales Institut für Statistik Rumänien (2017): www.inssr.ro

Nationales Institut für Statistik Rumänien – Volkszählung Bevölkerung und Wohnungen (2014) http://colectaredate.insse.ro/phc/public.do?siteLang=ro

Volkszählung Rumänien 2011, Religionen, Minderheiten: http://www.recensamantromania.ro/wp-content/uploads/2013/07/REZULTATE-DEFINITIVE-RPL_2011.pdf

Informationen über die rumänischen Autobahnen (2017): http://www.130km.ro/calendar.html

Wähle Deinen Weg – Plattform für Ausbildungssuchende und Suche nach Auszubildende (2017): http://www.alegetidrumul.ro/

Transparency International: https://www.transparency.org/news/feature/corruption_perceptions_index_2016

GTAI Germany Trade and Invest (2017) – Förderung: https://www.gtai.de/GTAI/Navigation/DE/Trade/Maerkte/suche,t=rumaenien–eufoerderung-2014-bis-2020,did=1119520.html

IMF International Monetary Fund 2018: http://www.imf.org/en/Countries/ROU

Länder Lexikon (2018): https://www.laender-lexikon.de/Rumänien_Geschichte

WKO – Länderprofil Rumänien (April 2018): https://wko.at/statistik/laenderprofile/lp-rumaenien.pdf

© Springer Fachmedien Wiesbaden GmbH, ein Teil von Springer Nature 2019
E. Bucs und H. Brenner, *Rumänien im Geschäftsalltag*, essentials,
https://doi.org/10.1007/978-3-658-24503-0

Wichtige Kontakte/Links

Nützliche Links in Rumänien
Rumänische Websites sind sehr oft überladen mit Informationen, unübersichtlich und mit schlechten Suchfunktionen versehen. Daten müssen erst mühsam gesucht, gefiltert und zusammengefasst werden. Kaum eine Statistik bietet eine brauchbare Übersicht, die man bei Bedarf vertiefen könnte.

Wirtschaft
Ministerium für Wirtschaft, Handel und Unternehmertum: www.aippimm.ro
Wirtschaftsministerium: www.economie.gov.ro
Rumänisches Außenministerium: http://www.mae.ro/
Rumänisches Handelsregisteramt: https://www.onrc.ro/index.php/ro/
Finanzministerium: www.mfinante.gov.ro
Nationale Agentur für Steuerverwaltung: www.anaf.ro
Rumäniens Industrie- und Handelskammer: www.ccir.ro
Umweltministerium: www.mmediu.ro
Transportministerium: www.mt.gov.ro
Deutsch-Rumänische Industrie- und Handelskammer: www.ahkrumaenien.ro
Statische Bundesamt Rumänien: http://www.insse.ro/cms/

Bildung
Bildungsministerium: www.edu.ro
Informationen über die duale Berufsausbildung: http://www.alegetidrumul.ro/
Deutscher Akademischer Austauschdienst (DAAD): www.daad.ro
Deutsche Schule Bukarest: www.dsbu.ro
Deutsches Goethe Kolleg Bukarest: www.colegiulgoethe.ro
Deutsche Schulen und Kindergärten gibt es in vielen Städten Zentral- und Westrumäniens.
Viele haben noch keine eigene Homepage.

Verbände
Demokratisches Forum der Deutschen in Rumänien: www.fdgr.ro
Deutscher Wirtschaftsklub Kronstadt: www.dwk.ro
Verband der Siebenbürger Sachsen: https://www.siebenbuerger.de/
Landsmannschaft der Banater Schwaben: http://www.banater-schwaben.org/start/

Deutschsprachige Zeitungen/Magazine
Zweisprachiges Wirtschaftsmagazin in Rumänien www.debizz.ro
Allgemeine Deutsche Zeitung für Rumänien: www.adz.ro/

Botschaft/Konsulate
Deutsche Botschaft Bukarest: www.bukarest.diplo.de
Deutsches Konsulat Hermannstadt (Sibiu): www.hermannstadt.diplo.de
Deutsches Konsulat Temeswar (Timisoara): www.temeswar.diplo.de

Österreichische Botschaft und Konsulate in Rumänien: https://www.botschaft-konsulat.
com/at/diplo/235/Osterreich-in-Bukarest
Schweizerische Botschaft in Rumänien: https://www.eda.admin.ch/countries/romania/de/
home/vertretungen/botschaft.html

Nützliche Links in Deutschland

Wirtschaft
Deutsch-Rumänische Industrie- und Handelskammer: http://rumaenien.ahk.de/
Deutsche Gesellschaft für Internationale Zusammenarbeit (GIZ) in Rumänien: https://
www.giz.de/de/weltweit/292.html
Das Auswärtige Amt Berlin: http://www.auswaertiges-amt.de/DE/Aussenpolitik/Laender/
Laenderinfos/01-Laender/Rumaenien.html?nnm=383178
Das europäische Austauschprogramm für Jungunternehmer: https://www.erasmus-entrepre-
neurs.eu/index.php?lan=de

Deutsche Institute/Stiftungen/Gesellschaften/Organisationen
Goethe-Institut Bukarest: https://www.goethe.de/ins/ro/de/index.html
Deutsche Schulen in Rumänien: http://www.bva.bund.de/DE/Organisation/Abteilungen/
Abteilung_ZfA/zfa_node.html
Deutscher Akademischer Austauschdienst (DAAD): https://www.daad.de/laenderinformati-
onen/rumaenien/de/
Gesellschaft der Germanisten Rumäniens: http://www.ggr.ro/
Friedrich-Ebert-Stiftung: http://www.fes.ro/pages/en/home-fes.php
Friedrich-Naumann-Stiftung: https://www.freiheit.org/content/rumaenien
Konrad-Adenauer-Stiftung: http://www.kas.de/rumaenien/
Deutsch-Rumänische Gesellschaft für Norddeutschland e. V.: http://deutsch-rumaeni-
sche-gesellschaft.de/
Deutsch-Rumänische Gesellschaft Berlin: http://www.deruge.org/
Nationale Ausschreibungsdatenbank: http://www.e-licitatie.ro

Nützliche Links in Österreich
Wirtschaftskammer Österreich: https://www.wko.at/service/aussenwirtschaft/die-rumaeni-
sche-wirtschaft.html

Nützliche Links in der Schweiz
Bundesamt für Statistik: https://www.bfs.admin.ch/bfs/de/home/statistiken/industrie-dienst-
leistungen/aussenhandel.html
Handelskammer Schweiz – Mitteleuropa: https://cee.swiss/

Printed in the United States
By Bookmasters